星级供电所
建设与评价

国网冀北电力有限公司管理培训中心　组编

中国电力出版社
CHINA ELECTRIC POWER PRESS

内容提要

本书以星级和"全能型"乡镇供电所融合建设为载体,以解决乡镇供电所各类突出问题为导向,共分为三篇,第一篇重点介绍星级"全能型"乡镇供电所建设的支撑性文件和建设评价规范;第二篇围绕"一专多能",重点介绍台区经理、综合柜员应知应会内容;第三篇收录了省、市、所各层级的典型经验,供读者交流学习。

图书在版编目(CIP)数据

星级供电所建设与评价/国网翼北电力有限公司营销部组编.—北京:中国电力出版社,2019.7(2019.9重印)
 ISBN 978-7-5198-3167-7

Ⅰ.①星… Ⅱ.①国… Ⅲ.①供电-工业企业管理-研究-中国 Ⅳ.①F426.61

中国版本图书馆CIP数据核字(2019)第095197号

出版发行:	中国电力出版社
地　　址:	北京市东城区北京站西街19号(邮政编码100005)
网　　址:	http://www.cepp.sgcc.com.cn
责任编辑:	丁　钊 (010-63412393)
责任校对:	黄　蓓　朱丽芳
装帧设计:	王红柳
责任印制:	杨晓东

印　　刷:	北京雁林吉兆印刷有限公司
版　　次:	2019年7月第一版
印　　次:	2019年9月北京第二次印刷
开　　本:	880毫米×1230毫米 32开本
印　　张:	7.875
字　　数:	199千字
定　　价:	45.00元

版权专有 侵权必究

本书如有印装质量问题,我社营销中心负责退换

编委会

主　　任　杜维柱

副 主 任　李　涛　　马鲁晋　　马宝忠

委　　员　梁继清　　杨振琦　　张万利　　黄一鸣　　李征光
　　　　　　李　颖　　殷庆铎　　孙贝贝　　刘晓天　　岳　虎
　　　　　　许仕伟　　潘祖东　　王　岩　　王振香

主　　编　薄　博　　王海燕

参编成员　杨大晟　　谭　晨　　钮玉贵　　张学勇　　余安国
　　　　　　张丹阳　　宋玉萍　　张　猛　　陈广春　　黄志勇
　　　　　　陆彦军　　于　洋　　妙红英　　李　磊　　李志刚
　　　　　　张　磊　　岳金燕　　宿　月　　路　俊　　李海洋
　　　　　　汤佩霖　　李海雨　　肖　立　　蔡鹏飞　　范志勇
　　　　　　迟承哲　　马彦聪　　程建国　　王宝利　　郭　贞
　　　　　　席文杰　　顾东辉　　杨晓波　　陆静波　　李爱新
　　　　　　徐全军　　王语凡　　赵白兰　　冯冰玥　　常家维
　　　　　　杜向军　　牛宝军　　张艳丰

（排名不分先后）

前　言

供电所是供电企业最基层的供电服务组织，承担着密切联系人民群众、服务"三农"和地方经济社会发展的重要职责，是安全生产、经营管理、供电服务的一线阵地和窗口。国家电网有限公司（以下简称"国网公司"）于2016年启动了星级乡镇供电所建设工作，2017年启动了"全能型"乡镇供电所建设工作，提出建设"业务协同运行、人员一专多能、服务一次到位"的"全能型"乡镇供电所。为适应星级和"全能型"乡镇供电所建设工作要求，2017年，国网公司营销部组织，国网冀北电力有限公司牵头，按照"全能型"乡镇供电所建设框架，修订了《星级乡镇供电所建设评价规范（修订版）》及现场考评指导书。

编者基于对星级、"全能型"乡镇供电所建设工作内容及评价标准的深刻理解，创新提出星级"全能型"乡镇供电所建设与评价，以星级和"全能型"乡镇供电所融合建设为载体，以解决供电所突出问题为导向，狠抓管理基础，着力指标提升，进一步提升乡镇供电所管理水平，以优质的服务、优异的业绩指标，服务乡村振兴战略，满足电力服务人民对美好生活的向往，具有良好应用价值和较强的指导意义。

本书共分为三篇，第一篇重点介绍星级供电所建设和"全能型"乡镇供电所建设的支撑性文件及星级"全能型"乡镇供电所建设评价规范；第二篇围绕"一专多能"，重点介绍台区经理、综合柜员应知应会内容；第三篇星级"全能型"乡镇供电所建设典型经验，收录了市、所各层级的典型经验，供读者和兄弟单位交流学习。

本书在编写过程中得到了国网冀北电力有限公司有关部门和所属国网唐山、张家口、秦皇岛、承德、廊坊等供电公司专业管理和技术人员的大力支持和帮助，在此表示衷心的感谢。

由于能力水平有限，经验不足，遗漏之处在所难免，恳请各位读者和专家批评指导，编者将在实践中不断丰富和完善。

编　者

目 录

前言

1	第一篇 星级"全能型"乡镇供电所建设评价标准
2	第一章 "全能型"乡镇供电所建设
18	第二章 星级"全能型"乡镇供电所建设
25	第三章 星级"全能型"乡镇供电所建设评价规范
59	第四章 星级"全能型"乡镇供电所现场考评指导书
85	第二篇 "全能型"乡镇供电所业务指导
86	第一章 计量资产与采集运维
99	第二章 台区同期线损
113	第三章 营配调贯通
118	第四章 业扩报装
131	第五章 智能交费
140	第六章 线上交费
144	第七章 电费回收
148	第八章 电能替代
154	第九章 分布式电源管理
158	第十章 优质服务
164	第十一章 配电运检
178	第十二章 PMS系统应用
183	第十三章 安全管理
193	第十四章 党建工作
197	第十五章 计算机使用
205	第三篇 建设典型案例
206	国网承德供电公司典型经验
222	国网滦州市供电公司雷庄镇供电所典型经验

国网怀来县供电公司狼山乡供电所典型经验	228
国网卢龙县供电公司双望镇供电所典型经验	233
国网大厂县供电公司夏垫镇供电所典型经验	238

第一篇 星级"全能型"乡镇供电所建设评价标准

第一章 "全能型"乡镇供电所建设

为贯彻落实《国家电网公司关于进一步加强乡镇供电所管理工作的若干意见》(国家电网办〔2017〕78号)、《国家电网公司关于进一步加强乡镇供电所人力资源管理的指导意见》(国家电网人资〔2017〕190号)、《国网营销部关于印发 2017 年"全能型"乡镇供电所建设的工作意见》(营销农电〔2017〕16号)工作要求,促进"末端融合",不断增强供电所供电服务保障能力,提高效率效益,国网冀北电力有限公司制定下发了《国网冀北电力有限公司关于印发"全能型"乡镇供电所建设工作实施方案的通知》(冀北电营销〔2017〕247号),全面启动"全能型"乡镇供电所建设。

第一节 建设背景

供电所是电网企业业务执行的最小单元,也是直面市场、服务农村客户的最前端,关乎农民增收、农业增长和农村稳定,承担着电力服务"三农"的重要责任。随着农村用能、电力服务需求、用电方式的多样化发展,对供电所的发展方式、管理理念、服务模式等带来全方位深刻影响,2017 年国网公司提出"业务协同运行、人员一专多能、服务一次到位"的"全能型"乡镇供电所建设工作要求,并选择国网冀北电力有限公司等 16 家省公司探索推广经验。作为试点单位,创建什么样的"全能型"、如何创建"全能型"是迫切需要思考和解决的问题,须深刻分析供电企业内外部供电服务面临的形势和存在的问题。

一、供电企业内部管理提升的必然要求

2020 年国网公司全面建成"一强三优"(电网坚强、资产优良、服务优质、业绩优秀)现代公司和 2035 年建设具有卓越竞争

力的世界一流能源互联网企业。而供电所软硬件条件与国网公司战略要求存在较大差距，是制约国网公司跻身国际一流互联网企业的短板。供电所管理人员素质偏低、业务流程复杂、服务能力不强等问题，制约了供电所管理水平的持续提升，进一步夯实基础基层管理的需求迫切。

二、电力体制改革不断深入的必然要求

增量配电市场逐步建立，市场竞争态势将日趋激烈，客户需求趋于多样化、个性化，末梢的业务专业分工过细，加大了横向协调工作量，客户需求响应不快等问题也逐步显现出来，需要坚持以客户为导向，构建反应敏捷、响应快速、执行有力的新型服务模式，不断提升农村供电服务保障能力和效率，落实国家服务标准和国网公司服务承诺，需要进一步方便客户、保证质量，提高客户满意度。

三、社会生产力发展和新技术普及的必然要求

以"互联网＋"为标志的信息产业发展迅猛，大数据、云计算、物联网、移动互联网等在农村地区迅速发展，与农业深度融合，培育和催生出许多现代农业新产品、新模式和新业态。分布式光伏、电动汽车、新型电能替代产品、节能产品大量涌入农村地区，农村客户的用电需求和服务要求也随之越来越高，需要不断深化对供电所功能定位的认知，明确新的发展定位，进一步实施优化调整。供电企业加快推进"互联网＋"建设，现代信息技术支撑能力不断提升，线上服务资源和手段不断丰富完善，供电所传统的工作内容和作业方式发生了较大的变化，需要创新业务模式和人员使用方式，促进效率不断提升。

四、党和群众电力服务诉求不断提高的必然要求

党的十九大报告提出乡村振兴战略，指出我国主要矛盾是"人民日益增长的美好生活需要和不平衡不充分发展之间的矛盾"，

2020年我国将全面建成小康社会。农村经济发展、社会进步对电力的依赖程度越来越高，对供电服务质量的要求也越来越高，提高城乡供电服务均等化水平呼声更加强烈，对供电企业加快构建城乡一体的现代供电服务体系提出了新要求。

第二节 建设思路和举措

面对新形势、新业务，定位于提高服务质量和效率，坚持以客户为导向，依托信息技术应用，推进营销、配电专业（以下简称"营配"）业务末端融合，"全能型"乡镇供电所建设内容按照"3445"的思路实施，即在供电所推行3项机制（设置营配融合班组、实行台区经理制和综合柜员制），做好4项人员保障（培养一专多能技术人员、培养一专多能台区经理、构建一专多能业务支撑体系、构建一专多能培训体系），努力做到4个一次到位（业务组织一次到位、客户服务一次到位、设备运维一次到位、故障抢修一次到位），因地制宜推进5项新型业务（开展营业厅转型、电能替代、支撑国网电商业务发展、探索电动汽车充换电业务、探索分布式电源运维业务），打造"业务协同运行、人员一专多能、服务一次到位"的"全能型"乡镇供电所，如图1-1-1所示。

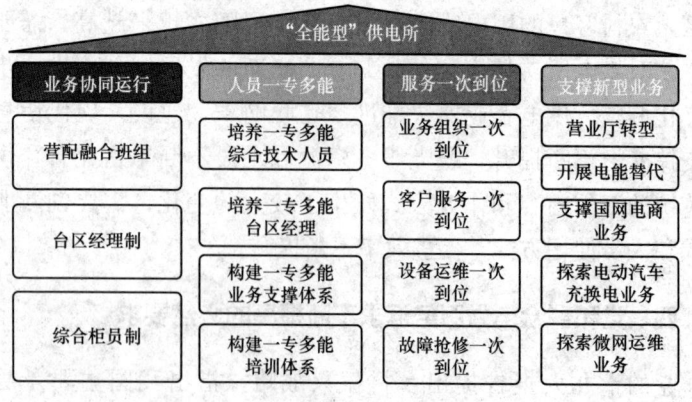

图1-1-1 "全能型"供电所建设思路

"1+5+2"（1个中心、5个体系、2项支撑）创新举措如下。

(1) 1个中心。以客户为中心的要求贯彻在"全能型"供电所建设始终，也是检验和评价建设成效的重要组成部分，体现国网公司"人民电业为人民"的企业服务宗旨。

(2) 5个体系。通过五个维度体系建设，有效保障"全能型"供电所落地。

1) 构建组织机构体系。建立了营销配电业务末端融合的班组，实现末端高效协同，减少内耗，提升服务效率。

2) 网格管理。瞄准"服务一次到位"，在设备运维管理上划分"责任田"，建立网格化台区经理管理体系。

3) 重构现代"三农"服务体系。通过精简和再造业务流程，优化业务办理，提高服务质量。

4) 建立"一专多能"人员培训体系，夯实供电所培训体系，保障人员一专多能。

5) 星级考核评价体系，科学评判"全能型"建设水平。

(3) 2项支撑。

1) 做强监控平台。依托专业信息系统，开展大云物移（大数据、云计算、物联网、移动作业）应用，深挖数字经济价值。

2) 开展新型业务。挖掘客户消费潜力，提升电能在终端消费比例。

第三节 主 要 做 法

一、以客户为中心，立足当前面向未来

县供电企业供电所服务客户约占省级电力公司客户总量的70%，服务面积约占90%，售电量约占38%，说明供电所点多、面广，从经营角度看经济性不高，而服务百姓生活的央企社会责任的政治性较强。要围绕"服务人民群众日益增长的美好生活需

要",坚持问题导向和目标导向,应着力构建"以客户为中心"的"全能型"乡镇供电所现代服务体系。

坚持"人民电业为人民"的发展思想,特别是以电能替代为手段之一的"蓝天保卫战"在唐山、廊坊地区影响深远,承德、张家口地区光伏发展迅猛,传统的思维习惯和工作方式亟须改变,以市场为导向、客户为中心的营销机制亟待完善。智能、便捷、精准、高效的供电服务体系待加快建立,转变供电所发展和管理方式,变被动服务为主动服务、变粗放服务为精准服务,围绕客户的特质和要求推行价值营销,更好地为客户创造价值、让渡价值成为供电所面临的紧迫任务。

基于社会和企业诉求分析,"全能型"乡镇供电所建设需遵循"以客户为中心"的准则,基于该准则对供电所的功能定位、组织架构、服务模式、支撑手段、人员服务能力保障等进行系列优化调整,构建适应供电企业发展愿景、服务乡村振兴战略的新型"三农"供电服务机制。

二、构建"全能型"组织架构体系,实现末端高效协同

以客户为中心,在供电所设置营配业务融合的内勤类和外勤类综合性班组,为实现"一口对外"服务和"一站式"服务提供组织保障。形成以供电所长和书记为核心的决策层,统一指挥;以技术员和综合业务员等内勤类班组为主体的技术支撑层,对接专业要求,接收全面业务;以台区经理等外勤类班组为主体的业务执行层,落实专业要求,对接客户需求,形成"全能型"乡镇供电所组织架构,如图1-1-2所示。

综合班从事内勤工作,发挥"中枢大脑"作用,主要负责供电所综合管理、所务管理、营业厅事务、系统监控和分析等所内工作;营配班从事外勤工作,发挥"多能触角"作用,主要负责配电设施运维检(抢)修、营销业务、台区线损管理、用电信息采集设备运维和属地协调等低压营配业务的现场工作。对于员工

较多的供电所,在满足班组设置有关规定的前提下,设置多个平行班组。"全能型"供电所责任矩阵初步形成,如图1-1-3所示。

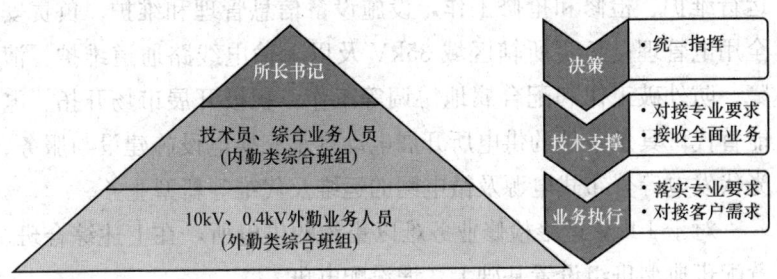

图1-1-2 "全能型"供电所组织架构

辖区设备、客户综合服务	技术支撑\业务执行	供电所业务组织,指标管控、统计、监督管理			
^	^	综合班安全专业	综合班运检专业	综合班营销专业	综合班综合
^	配电班(选配)	√	√		√
^	营配1班	√	√	√	√
^	营配2班	√	√	√	√
^	…				

图1-1-3 "全能型"供电所责任矩阵

综合班、营配班具体职责如下:

(1)综合班。负责客户新增、增容、变更、光伏并网服务等营业业务咨询和受理,收取业务费用和电费;负责供用电合同及费控协议的新签、续签与终止;负责客户线上服务请求和各类工单响应处理;负责0.4kV客户业务资料、台账管理;负责组织推广"网上国网"、微信公众号等新型营销服务渠道;负责供电所综合业务监控、综合统计分析、人员考勤、三库(表库、备品备件库、工器具库)管理、车辆管理、所务管理以及培训计划管理等综合性事务。

(2)营配班。负责客户装表接电、用电检查、反窃电、核

7

（补）抄和催费、计量和用电信息采集运行维护、客户用电现场咨询、停电通知等优质服务工作；负责低压配电线路和设备的巡视、运行维护、检修和抢修工作，设施设备信息管理和维护；负责安全用电管理；负责所辖区域35kV及以上输电线路通道维护、清障、防外破工作和配合属地协调等工作。积极开展市场开拓、电能替代，具备条件的供电所开展电动汽车充换电设施建设与服务、光伏发电等分布式电源及微电网的运维及代维等新型业务。

对于10kV运维检修业务难以集约的供电所，在上述综合班、营配班典型班组设置基础上，增设配电班。

三、构建网格管理体系，打造台区服务敏锐前端

制定《供电所台区经理制管理办法》，全面推行集农村低压配电运维、设备管理、台区营销管理和客户服务于一体的"台区经理制"。供电所依据配电线路走向、行政村数量、售电量、服务面积、服务人口和供电所人员配置数量等条件，因地制宜，合理划分网格责任区，每个网格单位设置1名或多名台区经理，建立以台区经理为责任主体的网格化供电服务快速响应工作机制。通过专题培训、绩效考评等手段，选定业务能力强、技术水平高的供电所工作人员担任台区经理，由台区经理对负责的网格责任区实行"全能型"管理。

台区经理严格遵循"首问负责制"、"首到责任制"，客户服务需求响应和抢修工单的派发、处置按照"就近响应、协同跟进、现场对接、共同处置"原则组织实施，将管理末端转变为服务前端，切实发挥台区经理在供电服务中牵头、协调、沟通、联系的纽带作用。相邻网格台区经理成立服务小组，相互支援配合，协同开展工作，实现人员互为支撑，工作有监护、质量有监督，如图1-1-4所示。构建"服务有网、网中有格、格中有人、人有其责"和"人在网中转，事在网中办"的服务新模式，切实做到服务一次到位。

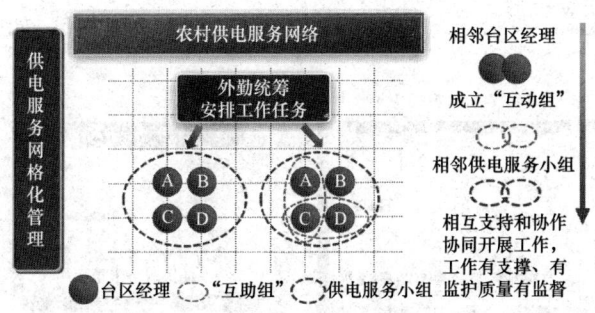

图 1-1-4 网格化供电服务模式

四、构建现代"三农"服务体系，努力做到服务一次到位

以服务一次到位为标准，按照春分播种保浇灌用电，大暑高峰保居民负荷，秋分燥期保安全用电，冬至大寒保"煤改电"服务等农村用电节律开展"三农"精准服务。提升故障抢修响应速度，实施"三库"物资智能化管理，研发应用拎包抢修装备，配备抢修用计量周转箱，实时大数据监测台区状态，探索"低压调度"模式，支撑主动抢修。

推行营业厅综合柜员制，拓宽供电所营业厅受理和直接办理业务范围，建立健全以客户需求为导向的内部协调沟通机制，融合业务咨询、受理、交费等职能，取消原营业厅业务受理区、营业交费区等区域，改为综合业务区，建设"一站式"服务窗口。

围绕满足客户多元化、个性化需求，打造智能型、市场型、体验型、线上线下一体化为特征的"三型一化"营业厅，推动供电所营业厅由传统业务型向体验型转变。优化营业厅功能设置、升级硬件设备设施、完善业务渠道，打破营业窗口传统业务模式。

编制涵盖10余项业务办理流程的《业务办理一次告知手册》，得到村民普遍认同，6项业务"一站式""跟踪式"服务广受赞誉。定制专属二维码、表箱贴和便民服务卡，探索"一码扫遍营配全业务"，实现"三农"服务"7×24 小时"不打烊，如图 1-1-5 所示。

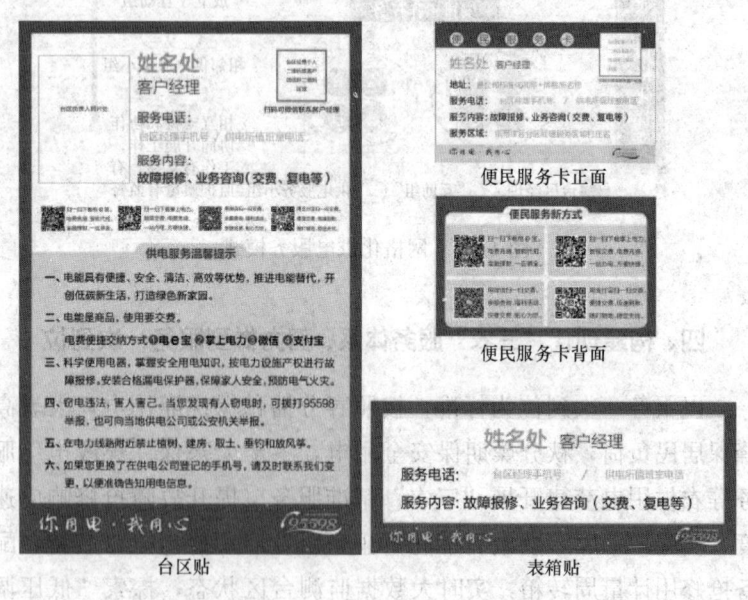

图 1-1-5　台区贴、便民服务卡、表箱贴模板

五、夯实供电所培训体系，保障人员一专多能

　　以一专多能的复合型人才为旗帜，培养懂农业、爱农村、爱农民、专业化的农电队伍。牢固树立"安全第一"理念，定期组织班组安全大讲堂，台区经理安规考试逐个把关、合格上岗。立足个人专长，开展"用什么学什么，个人缺什么补什么"的"点餐式"培训，补齐专业知识短板。"师带徒"走出课堂下现场，内外勤"体验式"培训更高效，理论、实操功底进一步夯实。共享重点供电所室内、外实训设施，新增光伏发电、充电桩、智能表故障等实训设备，员工可以"随时学"，全面支撑新型业务落地。

　　编制《"全能型"供电所岗位知识题库》，开展省、市两级调考，以考促培、以考促学、以考促用，次次排名树典型，营造比学赶超良好氛围。实施人岗匹配度分析，做实人员岗责，科学评测人员与岗位适应程度，做到内外勤人尽其才、岗尽其责。

创新开展"网上走出去"，在内网主页开辟"全能型供电所建设"热点专题，充分挖掘和展示基层单位亮点工作，定期发布对标指标、典型经验等重点工作内容。让基层感受到被关注，激活人心；让基层感受到足不出户能学到先进经验，激活思路；让基层感受到重点工作排名在公司的位置，激活干劲。实现供电所规章制度全展示、重点工作全展示、创新创效全展示、硬件条件全展示。通过交流平台，供电所管理人员知道"全能型"供电所建设"做什么，怎么做，谁做得好"，营造了一个创先争优的良好氛围。

六、建立星级评价体系，增强活力

创新提出星级"全能型"供电所建设评价体系，依据《国家电网公司星级乡镇供电所建设评价规范》，结合"全能型"乡镇供电所建设实际情况和年度专业管理要求，按照指标数据满足可追溯、可验证、可闭环考核、可在信息系统中直接提取等要求，指导"全能型"乡镇供电所的定级与晋级管理工作。

"评价规范"以乡镇供电所专业工作、综合管理、关键指标、重点任务等为核心内容，主要包括"基础保障扎实、安全管控严密、业务协同运行、人员一专多能、服务一次到位"五大项内容，充分体现"全能型"建设核心要义。"考评规范"总分为1000分，其中，基础保障扎实300分、安全管控严密100分、业务协同运行200分、人员一专多能200分、服务一次到位200分。

星级乡镇供电所建设评价规范和星级"全能型"乡镇供电所建设评价规范差异表见表1-1-1。星级"全能型"乡镇供电所评价规范得分与星级关系如图1-1-6所示。

表 1-1-1　　　　　　　　星级建设评价规范差异表

星级供电所建设评价规范		星级"全能型"乡镇供电所建设评价规范	
评价管理项	分值	评价管理项	分值
一、综合管理	400	一、基础保障扎实	300
二、安全生产	300	二、安全管控严密	100
三、营销服务	300	三、业务协同运行	200
合计	1000	四、人员一专多能	200
		五、服务一次到位	200
		合计	1000

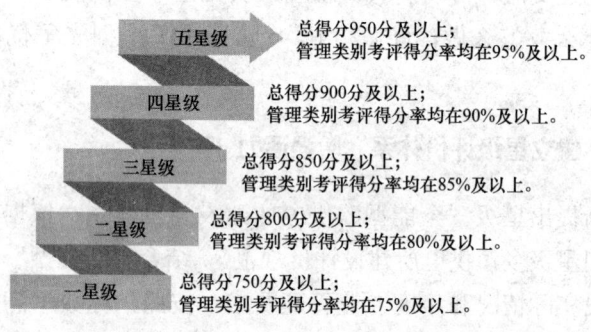

图 1-1-6　星级"全能型"乡镇供电所评价标准

（1）基础保障扎实。包括组织机构及廉洁从业管理、配套设备设施管理、基础资料管理、信息系统应用、所容所貌管理、会议管理、工作计划及总结管理、安全工器具管理、施工工器具管理、备品备件等物资管理、户均容量。

（2）安全管控严密。包括安全管理责任制、法律法规和安全规章制度、安全活动、"两措"管理、消防、交通、应急及保电工作管理、现场风险管控、工作票（抢修工作票）管理、操作票管理。

（3）业务协同运行。包括隐患排查治理、安全检查和巡视、设备标识管理和缺陷管理、电力设施保护、故障跳闸治理、低电压治理、农村用电安全及三级漏保管理、计量管理、线损管理、营业普查管理。

（4）人员一专多能。包括岗位管理、人员考勤管理、绩效考核管理、培训计划管理、派工单管理、设备日常监测管理、台区经理制管理、综合柜员制管理。

（5）服务一次到位。包括抢修值班管理、业扩管理、电费电价管理、营业厅日常管理、投诉管理、"互联网＋"营销运维及新型业务。

七、推广综合业务监控平台，深挖数据和融合价值

创新提出基于全业务统一数据中心的数据融合方式，将分散于营销、运检等业务系统的数据，集成到供电所综合业务监控平台。监控平台设置基本概况、设备运行、营销服务、抢修服务、应用评价、关键指标6大模块，接入119项监控指标，实现供电所核心业务、关键指标及工作质量的全过程管控，切实发挥内勤班的指挥调度和信息支撑作用，如图1-1-7所示。

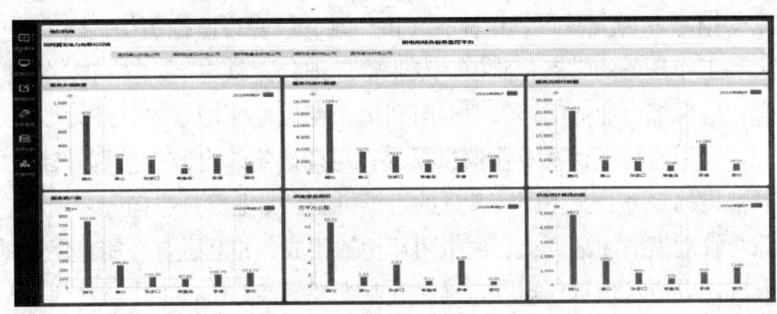

图1-1-7 供电所综合业务监控平台

自主开发应用台区经理移动作业APP，为现场服务提供工单处理以及信息上传、更新的助手，实现智能化管理、可视化监控和信息化调度，打造1名台区经理、1个移动作业终端、1个监控平台、多专业应用的全能型"互联网＋移动作业"信息支撑体系，实现支撑内、外勤信息化联动，搭建早晚"小看板"，主动对接安

全用电、停电报修、量价费信息公开等民生服务"大视野"。早知工作计划，晚知工作成效，统筹安排日常业务，实现任务计划监督全专业覆盖，让信息多跑腿，让用户少走路。图文反馈抢修、报装等现场信息，工单管控、限时办理质量实时评价，推行工单全过程闭环管理，实现资源整合、基层减负，如图1-1-8所示。

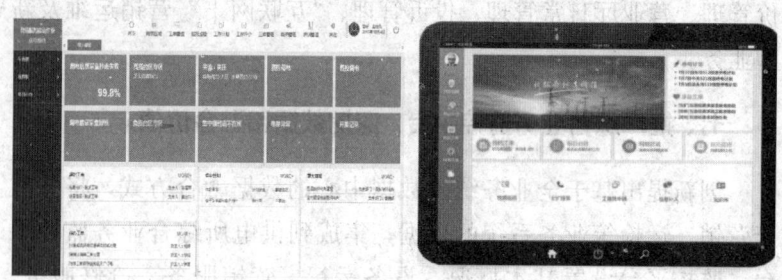

图1-1-8 供电所移动作业应用

以信息化为支撑，构建供电所专业＋综合两个闭环管理模式，提高基层执行力。坚持专业落地，实现各专业闭环管理纵向到底，以营销专业为突破点，组建省、市、县、所四级监控组织，建立指标和工作任务的常态化监控，专业管理细化至供电所。坚持末端融合，实现综合业务闭环管理横向到边，在供电所配备专（兼）职人员，利用监控平台及专业信息系统，定期确定综合监控主题，建立异常指标督办、工单闭环管理的运维机制。专业管理纵向闭环到底，综合管理横向闭环到边。两个闭环相辅相成、相互融合、相互促进，形成供电所管理责任矩阵，确保专业管理落实到位，工作监督到位，由被动管理转为主动运维，将事后处理转为事前预警、事中控制，供电所管理水平、供电保障和服务能力不断提升。

八、推广适应现代需求的新型业务，深挖客户消费潜力

（1）积极推广电商"互联网＋"线上服务。强化营业厅系统支撑和智能化改造，推进线下业务向线上转化，因地制宜，积极推广电费代收点、自助交费终端、"掌上电力"手机APP、"电e

宝"等多种业务办理渠道。加强营业厅综合服务能力建设，拓展营业厅服务功能，推动营业厅向业务自助办理、家用电器现场体验、用电节能知识宣传推广等综合服务模式转型。

（2）开拓农村电能替代市场。围绕农业供给侧改革和农村消费升级，形成农村电能替代业务与供电所台区经理制的末端融合，将市场调研、项目储备、技术推广为主的电能替代全流程业务融入到供电所的日常工作中。制定电能替代工作目标和措施，推进冬季取暖、农业生产等领域"油改电"、"煤改电"及农村生活电气化，宣传推广电能替代技术，因地制宜开展示范项目建设，深入开展"电网连万家、共享电气化"主题活动，如图1-1-9所示。

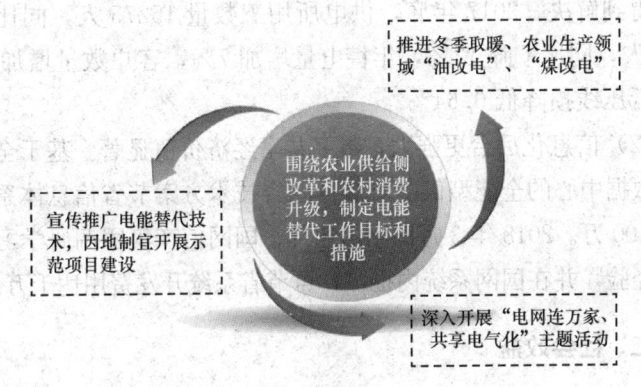

图1-1-9　大力开拓农村电能替代市场

（3）探索开展电动汽车充换电设施运维。发挥供电所就近、就地服务优势，探索从事电动汽车充换电设施建设与服务。在具备条件的供电所开展电动汽车售卡、充值等车联网业务，探索就近开展充电设施巡视、设备消缺、现场服务、抢修等运维业务，扩大充电服务覆盖范围，提高服务响应能力。

（4）探索承接光伏等分布式电源运维（代维）业务。适应农村地区光伏等分布式电源快速发展新趋势，探索承接运维及代维服务，开辟新服务领域。开展分布式光伏云网业务培训，使供电所具备承接分布式光伏现场诊断、故障咨询、故障抢修、光伏清

15

洗等运维服务的能力。

第四节 实施效果

一、经济效益

（1）用工结构更优化，实现减员增效。通过一专多能培训，员工业务、技能水平明显提升，具备生产、营销业务技能的"复合型"员工比例进一步提升，提高了队伍的战斗力，人员利用率有效提高。供电所人员技能结构不合理及人员配置不均衡的难题基本得到解决。2017年底，供电所用工数量15275人，同比减少2132人，同比下降12%，年售电量增加7%，客户数量增加2%，台区低压线损降低0.64%。

（2）信息化后台更强大，数字共享经济价值显著。基于全业务统一数据中心的全能型供电所数据融合技术方案节省信息体系开发费用100万。2018年3月国网信通部、国网信产集团调研学习冀北公司经验，并在国网系统内推广，可节省系统开发费用达千万。

二、社会效益

（1）服务品牌更响亮，彰显央企责任。2017年，央视、中国电力新闻网等媒体相继报道雷庄镇供电所"全能型"建设和台区经理制成效，涌现出"马背电工"、"李国军"塞罕坝服务队等感人事迹，多次被央视、新华社等主流媒体报道，国网公司"你用电我用心"服务品牌知名度进一步提升，彰显央企责任。

（2）站在新起点，服务党和群众新诉求。以客户为中心的"全能型"供电所建设，很好地满足了新时代"三农"服务诉求，体现了人民电业为人民的宗旨，改善了农村供电服务环境，增强了客户的服务体验，经过创新实践证明，"全能型"供电所建设为加快建成"一强三优"现代公司，服务人民美好生活和乡村振兴战略奠定良好基础。

三、管理效益

（1）输出管理经验，专业管理水平持续提升。冀北公司高质量完成国家电网公司试点工作，并在国网公司2017年11月召开的"全能型"供电所现场会做典型经验交流。冀北公司2017年底做到"全能型"供电所全部建成，超前国网公司整体安排，6个全能型供电所获得"国网公司五星级乡镇供电所"称号，供电所管理同业对标指标获得A段。南方电网公司，国网浙江、新疆电力等兄弟单位到冀北公司夏垫镇、汤头沟镇等全能型供电所交流学习。

（2）机构运转更顺畅，服务能力明显提升。优化了供电所组织机构设置，营业厅内实行综合柜员制，现场业务实行台区经理制，提高了供电所的业务响应速度，有效解决了末梢的业务专业分工过细导致的推诿扯皮问题，提高了故障处理速度。2017年，供电所抢修工作效率大幅提高，低压故障报修次数78987次，同比减少13.6%；低压故障到达现场平均时长缩短至23.4min；低压故障处理平均时长330min，同比减少42min。

（3）供电服务更规范，市场竞争水平显著提升。制定全能型供电所岗位工作标准12项，业务流程25项，管理标准10项，优化了业务流程，提高供电所工作效率和质量，有效应对电力体制改革，提升供电所市场竞争能力，有效应对了互联网＋、电能替代、光伏等新技术的普及和服务。

第二章　星级"全能型"乡镇供电所建设

乡镇供电所是供电企业服务"三农"的一线和窗口，是服务全面小康社会建设，服务乡村振兴战略和新时代"三农"的前沿阵地，提高乡镇供电所管理水平和服务能力，是进一步加强乡镇供电所"基层、基础、基本功"工作，不断提高供电服务质量和管理水平的必然要求。2016年，国网公司开展星级乡镇供电所建设，并提出建设评价标准；2017年全面启动"全能型"乡镇供电所建设，修订星级乡镇供电所建设评价标准，为"全能型"乡镇供电所建设质量评判提供了参考。星级乡镇供电所建设和"全能型"乡镇供电所建设两项工作具备了整合条件，本书提供了星级"全能型"乡镇供电所建设指导思路。

第一节　星级"全能型"乡镇供电所建设目标

星级"全能型"乡镇供电所建设目标是紧紧围绕打造"业务协同运行、人员一专多能、服务一次到位"的"全能型"乡镇供电所，按照"分级评定、逐级晋升、动态考核"的原则，建立以市、县公司为建设主体，省、市公司两级评定的星级管理体系，构建乡镇供电所星级动态考核评价机制，形成乡镇供电所一星至五星级逐级晋升，争先创优的良好工作格局。以星级和"全能型"乡镇供电所融合建设为载体，深化专业延伸，强化综合管理，促进业务融合，着力解决乡镇供电所管理工作中的难点问题和薄弱环节，实现乡镇供电所管理工作水平的持续提升。

通过星级"全能型"乡镇供电所建设工作，打造基础管理扎实、配网安全可靠、专业管理精益、指标业绩领先、供电服务优质的星级全能型乡镇供电所，管理工作实现精益化，城乡供电服务均等化水平明显提升，为全面实现小康社会提供优质供电保障，有力服务乡村振兴战略。

第二节 星级"全能型"乡镇供电所评价体系

一、评价程序

按照"分级评定、逐级晋升、动态考核"的原则，开展星级"全能型"乡镇供电所建设工作，建立健全"星级"动态考核评价体系。

1. 分级评定

各级单位按照建设评价规范，组织对所属乡镇供电所进行分级评定，并根据评价得分情况将乡镇供电所分为"五星级、四星级、三星级、二星级、一星级"五个档次。总部层面考评和命名"五星级"，省公司层面考评和命名"四星级"，市公司层面考评和命名"三星级"及以下。

2. 逐级晋升

"五星级"在已命名的"四星级"中考评产生，"四星级"在已命名的"三星级"中考评产生，"三星级"在已命名的"二星级"中考评产生，"二星级"在已命名的"一星级"中考评产生。

3. 动态考核

星级"全能型"乡镇供电所动态考核复查周期为1年，各级单位在开展分级评定工作的同时，同步开展复查工作。市公司组织对已命名的"三星级"及以下乡镇供电所开展复查工作，省公司组织对已命名的"四星级"乡镇供电所开展复查工作，总部组织对已命名的"五星级"乡镇供电所开展复查工作。复查得分不达标或未达到必备条件有关指标要求的星级"全能型"乡镇供电所，将实行降级处理。

二、职责体系分工

各级各部门按照有关职责分工，加强星级"全能型"乡镇供电所建设的指导与管控，实行分级管理、过程监督和动态评价。

1. 总部层面

营销部（农电工作部）是"星级"建设的归口部门，负责：①制定"星级"建设工作要求，牵头组织制定和发布建设评价规范；②指导、检查省公司"星级"建设工作，组织"五星级"年度验收考评和命名工作；③营销专业管理工作。

相关专业部门是"星级"建设工作专业管理部门，负责：①明确年度乡镇供电所管理专业目标任务和重点工作，协同制定建设评价规范专业相关内容，指导基层相关专业管理；②参与"星级"验收考评工作。

2. 省公司层面

营销部（农电工作部）是省公司"星级"建设的归口部门，负责：①贯彻落实总部工作要求，组织制定省公司"星级"建设实施方案，制定建设评价规范差异化条款；②组织制定省公司"星级"建设年度计划；③指导、检查"星级"建设日常工作，组织"四星级"年度验收考评和命名工作；④向总部报送年度建设计划和"五星级"自查报告；⑤营销专业管理工作。

相关专业部门是"星级"建设工作专业管理部门，负责：①明确年度乡镇供电所管理专业目标任务和重点工作，协同制定建设评价规范专业相关内容，指导基层相关专业管理；②参与"星级"验收考评工作。

3. 市公司层面

市公司营销部（农电工作部）是市公司"星级"建设的归口部门，负责：①贯彻落实上级有关工作要求，组织制定和完善市公司建设工作方案；②组织制定市公司"星级"建设年度计划，指导、检查市公司"星级"建设日常工作；③牵头组织市公司"三星级"及以下年度验收考评和命名工作，向省公司上报年度"星级"创建计划和"四星级"自查报告；④营销专业管理工作。

相关专业部门是"星级"建设工作专业管理部门，负责：

①明确年度乡镇供电所管理专业目标任务和重点工作,指导基层相关专业管理;②参与"星级"验收考评工作。

4. 县公司层面

县公司是"星级"建设工作的实施主体,负责:①贯彻落实上级有关工作要求,组织制定和完善县公司"星级"建设工作方案;②按照有关评价规范组织开展"星级"建设工作。

第三节 星级"全能型"乡镇供电所建设重点任务

一、创建计划管理

各级单位每年制定星级"全能型"乡镇供电所创建计划,按照计划,对照评价规范,逐条开展自评价,针对存在的问题制定整改方案,落实责任部门和责任人,制定里程碑计划,加强"星级"创建过程管控。

二、分级评定管理

各级单位依据建设评价规范,对所属全部乡镇供电所进行星级评定工作。未命名的供电所由市公司按照评价得分情况完成"一星级"、"二星级"、"三星级"的初次命名,符合"四星级"标准的由省公司命名。省公司在"四星级"中择优推荐参评总部"五星级"。已命名的星级"全能型"乡镇供电所按照"逐级晋升、动态考核"的原则开展动态考核管理工作。

三、动态考核管理

各级单位按照职责分工,每年对已命名的星级"全能型"乡镇供电所实施动态考核复查,复查考核达到晋升条件的,依照"逐级晋升"原则予以评定命名,复查得分不达标或复查考核未达到"必备条件"的,将实行降级处理。

四、结对帮扶管理

各级单位要广泛发挥已命名的"五星级"和"四星级"乡镇供电所的示范带动作用,形成星级"全能型"乡镇供电所建设典型经验,并在本地区推广。积极开展管理帮扶活动,与本地区管理较为落后的乡镇供电所结成"一对一"帮扶对子,结对帮扶情况和效果作为"四星级"和"五星级"动态考核的重要内容。

第四节 星级"全能型"乡镇供电所建设考评内容

制定《星级"全能型"乡镇供电所建设评价规范》,分为"必备条件""考评规范"和"加分项"三个部分。"必备条件"是乡镇供电所晋级评价必须具备的条件。"考评规范"以乡镇供电所专业工作、综合管理、关键指标、重点任务等为核心内容,主要包括"基础保障扎实、安全管控严密、业务协同运行、人员一专多能、服务一次到位"五大项内容。"考评规范"总分为1000分,其中,基础保障扎实300分、安全管控严密100分、业务协同运行200分、人员一专多能200分、服务一次到位200分。"五星级"考评总得分应达到950分及以上且各管理类别考评得分率均在95%及以上;"四星级"考评总得分应达到900分及以上且各管理类别考评得分率均在90%及以上;"三星级"考评总得分应达到850分及以上且各管理类别考评得分率均在85%及以上;"二星级"考评总得分应达到800分及以上且各管理类别考评得分率均在80%及以上;"一星级"考评总得分应达到750分及以上且各管理类别考评得分率均在75%及以上。仅负责0.4kV及以下运维管理的供电所,考评结果应按照剔除工作职责之外工作项后的各项考评规范项的得分率进行计算。建设评价规范"加分项"50分。

第五节 星级"全能型"乡镇供电所建设工作保障

一、加强领导,落实责任

各级单位以提升乡镇供电所供电服务质量和管理水平为核心,加强组织领导,统筹规划,周密部署,扎实开展"星级"创建工作。加强组织协调,落实专业管理职责,将星级建设工作与专业管理工作有机结合,形成领导有力、责任明确、界面清晰、齐抓共管的工作局面。

二、健全机制,确保质量

各级单位深刻领会星级"全能型"乡镇供电所建设评价规范和相关指标要求,加强标准研究和学习宣贯,建立定期例会、过程检查、工作协同等工作机制,加强"星级"建设工作的过程管控,及时了解和掌握"星级"创建情况,做好跟踪分析、检查指导工作。严格按照建设评价规范和程序开展工作,确保"星级"建设质量。

三、鼓励争先,强化考核

省市公司对获得"五星级"荣誉称号的乡镇供电所及相关人员择优纳入营销专业表彰和奖励,对建设工作开展不力或弄虚作假的单位予以通报批评。供电所星级创建和班组建设工作有机统筹开展,避免重复考评,减轻基层负担。

四、坚持创新管理,构建交流平台

各级单位不断创新管理,持续丰富星级"全能型"乡镇供电所建设工作的形式和内容,积极探索提高乡镇供电所管理水平和提升农村供电服务能力的新方法、新途径、新载体。注重"星级"

建设经验的总结、提炼和推广，加强宣传引导，构建交流平台，开展学习交流、管理互助帮扶等活动，带动和促进整体提升。各级单位定期总结各单位"星级"建设工作优秀经验做法和管理创新成果，在本单位范围内推广应用。

第三章　星级"全能型"乡镇供电所建设评价规范

星级"全能型"乡镇供电所建设评价规范适用于县供电企业所属乡镇供电所，城郊供电所参照执行。考核数据核查如有信息系统依据的，应全部在信息系统中提取与核查。

本规范分为"必备条件""考评规范"和"加分项"三个部分。

第一部分为"必备条件"，是乡镇供电所晋级评价必须具备的条件。明确一星至五星级"全能型"乡镇供电所具备的标准，晋级或复评时对照标准，不符合相关标准不能晋级，或复评时应降级。个别条件仅适用于五星级或四星级、五星级。

第二部分为"考评规范"，以乡镇供电所专业工作、综合管理、关键指标、重点任务等为核心内容，主要包括"基础保障扎实、安全管控严密、业务协同运行、人员一专多能、服务一次到位"五大项内容。"考评规范"总分为1000分，其中，基础保障扎实300分、安全管控严密100分、业务协同运行200分、人员一专多能200分、服务一次到位200分。"五星级"考评总得分应达到950分及以上且各管理类别考评得分率均在95%及以上；"四星级"考评总得分应达到900分及以上且各管理类别考评得分率均在90%及以上；"三星级"考评总得分应达到850分及以上且各管理类别考评得分率均在85%及以上；"二星级"考评总得分应达到800分及以上且各管理类别考评得分率均在80%及以上；"一星级"考评总得分应达到750分及以上且各管理类别考评得分率均在75%及以上。仅负责0.4kV及以下运维管理的供电所，考评结果应按照剔除工作职责之外工作项后的各项考评规范项的得分率进行计算。考评规范中执行单项扣分分值累加，但最高扣分值不超过管理项目的规范值。

第三部分为"加分项"，是星级评定参考项，共50分。

第一节 必备条件部分

一、完成"全能型"乡镇供电所建设重点工作任务

（1）频次为年度。

（2）四星级、五星级标准。完成班组末端融合设置，实施网格化台区经理制，营业厅实现综合柜员制，推进乡镇供电"三型一化"营业厅建设，培养一专多能的员工队伍，因地制宜支撑新型业务推广。

（3）三星级及以下标准。完成班组末端融合设置，实施网格化台区经理制，营业厅实现综合柜员制。

（4）检查方式为现场检查。

二、电网及人身事故

不发生七级及以上电网事件、设备事件和信息系统事件，不发生八级及以上人身事件，不发生电气误操作事故，不发生火灾事故。

（1）频次为年度。

（2）一星至五星级标准为0次。

（3）检查方式。查询安监管理一体化平台。

三、责任事故

不发生行风突发事件，不发生因供电所人员服务不到位引起的新闻媒体曝光及造成重大社会负面影响的事件，不发生负主要责任的农村群众触电伤亡事故，不发生同等及以上责任交通事故。

频次：年度

一星至五星级标准：0次

检查方式：查询专业报告和媒体事件。

四、违法违纪事件

不发生所内工作人员违法违纪事件

频次：年度

一星至五星级标准：0 次

检查方式：查询专业报告和媒体事件。

五、两票合格率

"两票"合格率＝正确的"两票"份数/应统计的"两票"份数×100%

应统计的"两票"是指《电力安全工作规程》规定应使用的工作票、操作票、抢修单等作业凭证，包括已执行和填写错误未执行的"两票"。

频次为年度。

一星至五星级标准为 100%。

检查方式：查询 PMS 系统和手工填票。

六、电费回收率

频次为年度。

一星至五星级标准为 100%。

检查方式：查询营销 SG186 业务应用系统。

七、供电所图数治理星级

频次为年度。

五星级标准：达到供电所图数治理 5 星级标准，低压配电网数据实现全采录、全贯通；公用配变运行数据采集率大于 95%，公用配变运行数据完整率大于 90%。

四星级标准：低压配电网数据全贯通（站—线—变—表箱对应率 100%）。

检查方式：查询 PMS 系统。不负责 10kV 业务，不评价 10kV 相关内容。

八、10kV 线损率/0.4kV 线损率

(1) 频次为年度。

(2) 五星级标准。分线路、分台区管理达到 100%；10kV 线损、0.4kV 线损在省公司处于前三分之一名次中。

(3) 四星级标准。在本地区排名先进行列。

(4) 检查方式。查询一体化电量、线损管理平台或 SG186 业务应用系统。不负责 10kV 业务，不评价 10kV 相关内容。

九、95598 故障报修到达现场及时率

(1) 频次为月度。

(2) 四星级、五星级标准为 99.5%。

(3) 检查方式。查询 PMS 系统或营销 SG186 业务应用系统。

十、低压业扩报装服务规范率

(1) 频次为年度。

(2) 四星级、五星级标准为 100%。

(3) 检查方式：查询营销 SG186 业务应用系统以及业扩报装投诉工单。

十一、日均采集成功率

(1) 频次为年度。

(2) 四星级、五星级标准为 99%。

(3) 检查方式。查询用电信息采集系统。

十二、服务类属实投诉

(1) 频次为年度。

(2) 五星级标准为 0 次。

(3) 检查方式。查询 95598 业务支持系统。

第二节 考评规范部分

一、基础保障扎实

(一) 组织机构及廉洁从业管理

(1) 规范分值为 30 分。

(2) 建设规范。

1) 供电所班组按照内勤类和外勤类班组设置，末端融合的工作流程和制度完备。

2) 落实《国家电网公司基层党支部工作规则（试行）》和"旗帜领航·三年登高"计划，加强基层供电所党支部建设，发挥党支部战斗堡垒作用和党员先锋模范作用，组织健全，落实组织生活制度。

3) 严格落实中央八项规定，做好廉洁从业教育。行风事件及员工违法违纪事件得到有效处理。

(3) 考评规范。

1) 供电所定员满足设置多班组条件的，未按照内勤类和外勤类设置班组的扣 10 分；末端融合的工作流程制度不健全，扣 2 分。

2) 供电所应成立党支部未成立的，扣 5 分；成立党支部的供电所党组织不健全的，扣 5 分；供电所支部组织生活制度未按时开展，每项扣 2 分。

3) 未组织开展廉洁从业教育和案例警示教育的，扣 5 分；发生行风事件及员工违法违纪事件，每件扣 10 分，未处理扣 30 分。

(二) 配套设备设施管理

(1) 规范分值为 40 分。

(2) 建设规范。

1）供电所生产营业用房应具备营业厅、资料档案室、工器具室、备品备件室、值班室、办公室、会议室、信息通信设备间、食堂、办公营业等区域，配备配套设施设备齐全，执行定置管理，满足生产服务工作需要。

2）供电所通信与计算机网络设施应能满足办公自动化要求，通信系统建设应遵循《国网信通部关于印发供电所、供电营业厅通信系统建设指导意见的通知》，满足通道建设、设备配置原则；计算机配置数量符合《国家电网公司基层班组（供电所）电子计算机配置标准规范》要求，会议室应具备视频会议功能。

3）至少配备1辆生产抢修车辆，满足生产抢修工作；车辆定期维护、运行状况良好。

（3）考评规范。

1）供电所生产营业用房不满足规范建设要求，扣5分。

2）供电所生产营业用房鉴定为危房且未纳入新建计划，扣20分。房屋墙面地面开裂、漏雨等影响办公和服务，未纳入维修计划，扣10分。

3）生产营业用房内配置设施设备不齐全，扣3分；未执行定置管理，每个区域扣2分。

4）信息通信网络、设备配置不满足指导意见要求的，每一项扣3分；办公用计算机数量参照内勤类班1∶1配置，外勤类班2∶1配置，不满足的，每缺1台，扣1分，最多扣5分；计算机配置低导致不满足办公服务工作要求的，每台扣1分。

5）按照《国家电网公司乡镇供电所生产服务用车编制原则》测算，配置率低于80%的，每降低5%，扣1分，最多扣5分。未配置生产抢修车辆扣10分。

（三）基础资料管理

（1）规范分值为50分。

（2）建设规范。

1）严格落实国家电网有限公司或省（市）公司供电所资料精

简有关要求，及各类资料和记录通用模板，建立供电所资料目录准入机制，推广基础资料电子化。

2）加强营配调基础信息管理，营、配、现场数据一致，确保配电基础数据台账与实物一致、图数一致、营配对应，设备变更等营配调数据协同联动，提高配电网基础数据质量。

3）常态开展供电所图数治理星级创建活动，深化乡镇供电所PMS系统应用，提高配电网基础数据质量，提升配电运检精益化管理水平，乡镇供电所按照《乡镇供电所图数治理星级评价标准》，每年至少开展一次配电网基础数据治理和全量数据自查，自查自评结果报送上级管理单位。

(3) 考评规范。

1）未执行国家电网有限公司或省（市）公司供电所资料精简有关模板的，扣30分；未推广基础资料电子化的，扣15分；资料、记录缺项的，每项扣2分。

2）配电基础数据台账与实物不符、图数不一致、营配不对应的，每处扣2分；每发现营、配、现场数据三方数据不一致，每处扣5分。

3）供电所未开展配电网基础数据治理和全量数据自查的，扣10分；供电所图数治理低于4星级指标标准的，每降低一个星级扣5分。

（四）信息系统应用

(1) 规范分值为30分。

(2) 建设规范。

按照国家电网有限公司信息系统推广要求，营销SG186业务应用系统、用电信息采集系统、PMS系统、供电所综合业务监控平台等统推至供电所的信息系统得到全面应用。

(3) 考评规范。国家电网有限公司已推广至供电所的信息系统，未严格按照要求应用的，每个信息系统扣10分。

（五）所容所貌管理

(1) 规范分值为20分。

(2) 建设规范。供电所环境卫生（办公室、会议室、食堂、宿舍、浴室、院落、库房等）符合整洁要求。

(3) 考评规范。发现供电所办公区、生活区长期无人维修维护、脏乱差的，每个责任区扣 5 分。

（六）会议管理

(1) 规范分值为 20 分。

(2) 建设规范。定期组织召开月（季）度、周工作例会，会议内容形成会议记录。

(3) 考评规范。月（季）工作例会未定期召开，缺少一次扣 5 分，未形成会议记录的，每次扣 2 分；周工作例会未定期召开，缺少一次扣 2 分。

（七）工作计划及总结管理

(1) 规范分值为 40 分。

(2) 建设规范。

1) 根据本单位下达指标及任务，编制年度、月度、周计划；根据工作完成情况，编写年度、月度工作总结。

2) 随月度会开展安全生产、营销服务分析工作。对季节性引发的安全问题、农村用电安全问题、现场作业安全及施工质量、限电、低电压、设备缺陷、抢报修数量类型等工作进行针对性分析，全面分析查找安全生产及配电网薄弱环节，制定应对措施；对本所电量、线损、电费、售电单价、计量采集等指标和计量巡视、电费收取、节能降损、用电检查、营业普查、优质服务（营业厅服务、现场服务、春灌保电、投诉预控）等工作进行针对性分析，查找工作中存在的不足，制定提升措施。

(3) 考评规范。

1) 未按要求编制工作计划和总结的，每缺少一份扣 5 分；与实际工作不符的，一处扣 1 分，最多扣 5 分。

2) 未定期开展安全生产、营销服务分析工作的，扣 10 分；分析不具体、缺少分析项目或制定的提升措施不具有操作性的，每份报告扣5分。

(八) 安全工器具管理

(1) 规范分值为20分。

(2) 建设规范。

1) 按照《国家电网公司电力安全工器具管理规定》中班组安全工器具配置表要求配备。

2) 建立安全工器具台账,做到账、卡、物相符,工器具(含电动)按周期进行试验,试验合格证、检查记录齐全。

3) 严禁使用不合格或超试验周期的安全工器具。安全工器具室应符合通风、干燥、清洁要求。安全工器具应统一编号,定置定位,入库检查后放置在安全工器具柜内对应编号位置,不得混放其他物品及不合格安全工器具,所有安全工器具实行集中保管。

4) 安全工器具领用应办理领用、归还手续,并做好记录。

5) 安全工器具纳入国网安监一体化平台管理,实现安全工器具从录入、自检、试验、报废的全过程管控。

(3) 考评规范。

1) 对照《班组安全工器具参考配置表》供电所一栏,缺少一项扣1分。

2) 安全工器具无台账,扣5分;账、卡、物不符,每处扣1分;安全工器具未张贴试验合格证,或试验合格证、试验报告超周期,每件扣1分。

3) 使用不合格或超试验周期的安全工器具,每件扣5分;安全工器具室未定置定位统一分类编号,每件扣1分;安全工器具无月度检查维护记录或检查维护保管不到位,每件扣1分;不合格安全工器具未封存、好坏混放,每件扣1分。

4) 安全工器具领用与工作票、操作票、派工单、抢修记录等不对应,每次扣2分。

5) 安全工器具未纳入国网安监一体化平台管理,扣5分。

(九) 施工工器具管理

(1) 考评分值为20分。

(2) 建设规范。

1) 建立施工工器具台账，做到账、卡、物相符，定置定位管理。

2) 每月进行检查保养维护工作并做好记录。

3) 建立施工工器具领用、归还登记记录。

(3) 考评规范。

1) 施工工器具无台账，扣5分；账、卡、物不符，未定置定位管理，每处扣1分。

2) 施工工器具未维护保养，不合格工器具好坏混放，每件扣1分。

3) 施工工器具领用登记记录不全，每次扣1分。

4) 供电所无施工工器具，本项不评价。

（十）备品备件等物资管理

(1) 考评分值为20分。

(2) 建设规范。供电所按备品备件定额标准开展库存基础管理，建立健全台账，统一分类编号，定置存放，严格执行入库、出库手续，保持账、卡、物一致，出库使用与日常工作开展对应一致。

(3) 考评规范。发现备品备件作为迎检陈列的，扣10分；未建立台账，扣5分；未严格执行出入库手续的，扣5分；账、卡、物不一致的，每种物资扣5分；未执行定置摆放的，扣5分。

（十一）户均容量

(1) 考评分值为10分。

(2) 建设规范。"十三五"末，农村居民户均容量达到小康家庭用电标准。户均容量按照气候区域差异化配置，严寒地区：辽吉黑甘青新蒙；寒冷地区：京津冀晋鲁陕宁；夏热冬冷（暖）地区：沪苏浙闽皖鄂湘豫赣川渝。户均容量＝公用配电变压器总容量/低压居民用电户数。

(3) 考评规范。农村居民户均容量不低于所在省份上年度户均容量平均值，得基本分10分；与年度平均值相比，户均容量每降低0.1扣2分。

二、安全管控严密

(十二) 安全管理责任制

(1) 考评分值为 10 分。

(2) 建设规范。

1) 按照"管业务必须管安全,谁管理谁负责,谁实施谁负责"的要求,建立健全以供电所所长为第一责任人的岗位安全责任制。

2) 根据国家电网有限公司规范,供电所人员编制情况和所管辖的设备情况,制定有针对性、差异性的各岗位安全职责。

3) 供电所与县供电企业按年度签订安全生产责任书(责任状),制定落实安全目标的具体措施。

4) 供电所与所内员工按年度、分岗位签订针对不同岗位的安全生产责任书,制定个人安全目标的控制措施。

5) 信息安全管控到位,计算机不安装与工作无关的应用软件、游戏等,启用信息安全防护软件;严格按照信息系统授权许可管理规范及《国家电网公司信息系统帐号实名制管理方案》相关要求执行,人员调整时信息系统账号及权限同步进行调整。

(3) 考评规范。

1) 未建立岗位安全责任制,扣 10 分。

2) 岗位安全责任制缺岗位,每个岗位扣 2 分;岗位安全责任制内容不全,每个岗位扣 1 分。

3) 供电所未与县供电企业签订安全生产责任书(责任状),未制定落实供电所年度安全目标计划的具体措施,扣 10 分。

4) 未根据岗位特点与员工签订安全生产责任书,扣 5 分;未制定个人安全目标的控制措施,每个扣 1 分。

5) 计算机安装与工作无关的软件,每台扣 5 分;未启用信息系统防护软件的,每台扣 3 分;未按照信息系统授权许可及账号实名制管理要求执行的,扣 10 分;账号未及时清理或权限未及时调整的,每个账号扣 2 分。

(十三) 法律法规和安全规章制度

(1) 考评分值为 10 分。

(2) 建设规范。

1) 配置国家和行业相关法律法规，国家电网有限公司相关规章、制度、规范并建立清单。

2) 将有关标准、规范、规程发放到相关岗位。

(3) 考评规范。

1) 未建立相关法律法规清单，扣 10 分；清单内容不齐全，每项扣 5 分。

2) 未将标准、规范、规程发放到相关岗位，每项扣 1 分。

(十四) 安全活动

(1) 规范分值为 20 分。

(2) 建设规范。供电所每周进行一次安全日活动。要做到全员参加，所有参加活动的人员均应由本人签到，活动要做好记录，可全程录音，录音记录要保存一年，活动记录要及时上传至安监一体化平台"班组安全建设"模块。

(3) 考评规范。

1) 未开展安全日活动，安全活动弄虚作假，扣 10 分；活动记录未及时上传至安监一体化平台"班组安全建设"模块，每次扣 2 分；未按规定周期开展活动，每次扣 5 分；活动内容未结合供电所具体情况，内容不具体、记录不详实、针对性不强，每次扣 3 分；对上级安全文件、事故通报未及时进行学习采取有针对性的防范措施，每次扣 2 分。

2) 安全日活动未做到全员参加，缺席人员未及时补学活动内容，每人扣 2 分；参加活动的人员不是由本人签到，每次扣 2 分；安全日活动全过程录音，录音记录应保存 1 年，无录音扣 3 分，录音不全扣 2 分；现场询问上月安全活动内容，询问外勤类班组班长及成员共 3 人，回答不准确和不熟知的，每人扣 2 分。

(十五) "两措" 管理

(1) 规范分值为 10 分。

(2) 建设规范。

1) 供电所将辖区内存在的安全问题上报县供电企业，县供电企业综合下达年度"两措"计划，供电所存放计划，落实相关内容。

2) 每季度对"两措"计划执行情况进行检查小结，年度"两措"计划完成率100％。

(3) 考评规范。

1) 未存放县供电企业、未按照县供电企业要求制定"两措"（反措、安措）措施，不得分；"两措"未落实完成时间、责任人，扣5分。

2) 未对"两措"计划执行情况进行检查小结，每缺1次扣2分；年度"两措"计划完成率每下降1％，扣1分。

(十六) 消防、交通、应急及保电工作管理

(1) 规范分值为10分。

(2) 建设规范。

1) 成立应急处置小组，建立各岗位人员分工负责的应急组织体系。

2) 配备必要的应急照明、发电机等装备。

3) 编制现场处置方案，并报上级主管部门备案。

4) 突发事件应急信息上报及时，后续处置信息上报及时准确。

5) 积极开展消防、交通、应急及保电等各项工作；消防责任明确，消防器材齐全、定期开展检查；制定生产用车、摩托车、电动自行车管理、存放和使用方案，并做好登记和管理。

(3) 考评规范。

1) 未成立以所长为组长的应急处置小组，扣5分。

2) 应急装备配备不全，每项扣1分。

3) 现场处置方案针对性和操作性不强，扣5分；方案未报上级备案，扣2分。

4) 突发事件应急信息上报不及时或处置信息不准确，扣10分。

5) 未签订消防责任状的，每人扣2分；未每月对消防器材进行检查的，少一次扣1分。

6) 未制定重要时期保电预案的，扣5分；未按保电工作要求落实设备巡视检查等工作，缺一项扣2分。

（十七）现场风险管控

(1) 规范分值为10分。

(2) 建设规范。

1) 所有生产现场作业，使用作业文本进行控制，并留下记录。按照作业指导书、"三措一案"流程执行，各种过程记录及时完整。

2) 现场风险管控。严格执行班前会、班后会制度，做好现场安全交底、危险点告知，履行确认手续后方可开始工作；班前、班后会可全程录音，录音记录与工作票（紧急抢修单）同期保存。

3) 作业现场因地制宜，做到定置管理、区域分明，物品摆放有序。作业现场符合安全文明生产要求。

(3) 考评规范。

1) 不执行作业指导书，作业指导书编制与执行严重脱节，扣10分；变更作业流程未履行审批手续，每次扣5分。

2) 未召开班前会、班后会，每次扣5分；班前、班后会未全程录音，录音记录未与工作票（紧急抢修单）同期保存，最多扣2分；未做好现场安全交底、危险点告知，每次扣2分；未履行确认手续就开始工作，每次扣5分。

3) 未划分定置区，扣5分。

（十八）工作票（抢修工作票）管理

(1) 规范分值为20分。

(2) 建设规范。

1) 严格执行工作票制度，正确使用工作票、配电故障紧急抢修单等，落实工作票上所列安全措施。

2) 每月对已执行工作票进行汇总、评价和分析，并妥善保管，保管期为一年。

(3) 考评规范。

1) 未正确使用工作票，每次扣5分；工作票的填写与签发不规范、不符合《安规》规定，每次扣10分；工作票上所填安全措施不正确、不完备，每次扣5分。

2）每月未对已执行工作票进行汇总、评价和分析，每次扣2分；工作票遗失，每份扣2分。

(十九) 操作票管理

(1) 规范分值为10分。

(2) 建设规范。

1) 严格执行调度指令和操作票制度，倒闸操作时，不允许改变操作顺序，当操作发生疑问时，应立即停止操作，并向发令人报告，不允许随意修改操作票；解锁操作履行审批手续，并实行专人监护；接地线编号与操作票、工作票一致；操作票填写符合规定要求。

2) 每月对已执行操作票进行汇总、评价和分析，并妥善保管，保管期为一年。

(3) 考评规范。

1) 不执行调度指令，改变操作顺序不得分；随意修改操作票，每次扣5分；解锁操作未履行审批手续或无专人监护，不得分；接地线编号与操作票、工作票不一致，每次扣5分；操作票填写不规范每份扣1分。

2) 每月未对已执行操作票进行汇总、评价和分析，每次扣2分；操作票遗失，每份扣2分。

三、业务协同运行

(二十) 隐患排查治理

(1) 规范分值为10分。

(2) 建设规范。隐患排查治理应纳入日常工作中，按照"排查（发现）—评估报告—治理（控制）—验收销号"的流程形成闭环管理，做好隐患的排查（发现）、治理（控制）工作。结合设备运维、监测、试验或检修、施工、县供电企业安全性评价或安全标准化查评、安全检查、专项隐患排查、在线监测和状态评估等工作排查安全隐患。

(3) 考评规范。

1) 未按隐患排查治理工作要求,多方式开展安全隐患排查工作,不得分。

2) 未及时将发现的安全隐患上报,并录入安监一体化平台,每次扣 5 分;职责范围内安全隐患未立即采取控制措施,每条扣 2 分;安全隐患未按县供电企业制定的治理计划及时整改,每条扣 2 分。

(二十一) 安全检查和巡视

(1) 规范分值为 10 分。

(2) 建设规范。

1) 按照要求开展一般性检查、专项检查和季节性安全检查。

2) 严格执行《国家电网公司配网运维管理规定》,按照线路、设备巡视周期、项目及内容要求,开展巡视、检查工作。各项检查有检查记录、对检查中发现的设备缺陷和事故隐患要归类整理、上报,对发现的问题制订整改计划及方案,及时整改,对存在问题跟踪督办,形成闭环管理。对一时难以处理的安全问题(隐患)要及时上报并说明原因。

(3) 考评规范。

1) 安全大检查无计划、安排,扣 5 分;未按要求开展安全大检查,扣 10 分。

2) 巡视周期、项目及内容不满足巡视工作要求的,每项扣 2 分。

3) 各类检查记录不齐全,每项扣 2 分;对检查出的缺陷、事故隐患未及时上报和采取防范措施,每项扣 5 分。

(二十二) 设备标识管理和缺陷管理

(1) 规范分值为 10 分。

(2) 建设规范。

1) 线路、台区等运行设备标识牌应设置齐全完整;新建线路、设备投运时,线路标志(杆号牌、相序牌、警示牌和电缆路面标志牌,桩等)、设备、设施的标志牌、警示牌等应齐全完整。

2) 存在安全隐患的区域，在适当位置应设置明显的禁止、警告类标志牌并宣传告示。

3) 严格执行《国家电网公司电网设备缺陷管理规定》开展缺陷管理工作，缺陷发现及时，描述清晰，实行影像化管理。

（3）考评规范。

1) 运行设备标识牌不齐全、错误，每处扣 1 分。

2) 安全隐患重点防范区域，未设置有针对性的明显禁止、警告类标志牌，每处扣 2 分。

3) 发现缺陷按要求及时录入 PMS 系统，缺陷留有照片、描述清晰。抽查 1 条线路，现场发现缺陷与缺陷记录不符的，每处扣 5 分；缺陷未实行影像化管理的，扣 5 分；发现缺陷未列入治理计划的，每处扣 2 分；未按计划消缺的，每处扣 2 分；发现未留存照片的，每处扣 2 分。

（二十三）电力设施保护

（1）规范分值为 10 分。

（2）建设规范。

1) 在必要的区段设立标志，并按规定标明保护区宽度、安全距离等内容。

2) 认真组织开展电力设施保护宣传，及时发现电力设施安全隐患，对危害电力设施的行为下发隐患通知单。

3) 供电所应确保辖区内每条线路通道属地化工作具体到人。定期开展属地化输电线路巡视，做好巡视记录，留存备查。按运维要求，开展通道树障砍伐及塔基周围杂树、杂草、杂物、排水沟等清理工作，配合运维单位完成其他通道隐患处理工作，协助运维单位开展线路通道故障查巡。按要求报送线路通道内缺陷、隐患信息，确保信息真实、有效。

（3）考评规范。

1) 未按规定设立标志，每处扣 1 分。

2) 未按要求开展宣传，一次扣 2 分；隐患发现不及时，造成整改难度加大或无隐患通知单，不得分。

3) 承担输电通道属地化工作的供电所，未签订属地化管理责任书的，扣5分；未按时完成属地化巡视工作，每次扣2分；未按照要求完善记录、报送信息的，每次扣1分。

(二十四) 故障跳闸治理

(1) 规范分值为10分。

(2) 建设规范。加强故障跳闸综合治理，有效降低百公里故障跳闸率。10kV 线路百公里故障率＝10kV 线路故障次数/10kV 线路百公里长度。

注：10kV 线路故障包含 10kV 线路出线开关跳闸和线路接地。10kV 线路长度为统计期末 10kV 线路数据。线路长度及故障次数均含用户资产。全年单条线路累计故障不小于6次时，按1.5倍计算故障次数。故障线路条数以统计期末 PMS 系统线路条数为准。

(3) 考评规范。采用如下方法计算得分：规范值为0，得分按1次/(100km·年)扣1分计算，计算公式：10-10kV 线路百公里故障次数×1，最低为0分。自然灾害引起的线路跳闸不纳入供电所线路跳闸次数统计（需附带证明）；百公里线路长度取自 PMS 系统，10kV 故障次数取自调度自动化系统。

(二十五) 低电压治理

(1) 规范分值为20分。

(2) 建设规范。

1) 利用信息系统实现对用户低电压的实时监测或负荷高峰时段开展低电压监测工作，及时发现台区低电压用户；有计划、有步骤的消除台区低电压用户。

2) 百台低电压台区数＝存在低电压用户的公变台区数量/(总公变台区数量/100)。

注：统计期内每百台公变台区存在低电压用户台区数量。

(3) 考评规范。

1) 不能及时发现低电压用户的，扣5分。

2) 经现场检查，高峰时段台区用户存在电压不合格且未列入整改计划的，每个台区扣 3 分。

3) 采取如下方法计算得分。规范值为 0，每增加 1 台/百台配电变压器扣 2 分，计算公式为 10－百台低电压台区数量×2，最低为 0 分。

(二十六) 农村用电安全及三级剩余电流动作保护器管理

(1) 规范分值为 20 分。

(2) 建设规范。农村公用配电台区按照相关规定，安装、运行低压断线保护和剩余电流动作保护装置，实现农村公用配电台区断线保护和剩余电流动作保护装置安装率、投运率 100%；按规定对一、二级剩余电流动作保护器进行测试；根据居民季节性用电情况，每年至少开展二次大范围的用电安全宣传；做好用户漏电保护器安装使用的宣传工作，协同政府部门推动户保安装、投运、使用。

(3) 考评规范。

1) 农村公用配电台区一级剩余电流动作保护装置安装率、投运率 100%，每降低 1%，扣 1 分。

2) 农村公用配电台区无一、二级剩余电流动作保护器台账的，扣 5 分；抽查 3 台一级剩余电流动作保护器、10 台二级剩余电流动作保护器，现场信息与台账和 PMS 系统不一致的，每处扣 2 分。

3) 检查农村公用配电台区一、二级剩余电流动作保护器测试记录、试跳记录，无剩余电流动作保护器测试记录或试跳记录的，扣 5 分；测试、试跳超期或信息填写不完善、不齐全、没有测试人签字的，每处扣 1 分。

4) 未向未安装、使用户保的用户发放户保安全使用告知书并取证的，每户扣 1 分。

5) 未开展并留存农村安全用电宣传照片资料，或安全用电宣传相关报道的，扣 5 分。

(二十七) 计量管理

(1) 规范分值为 40 分。

(2) 建设规范。

1) 实现智能电能表覆盖率99%、自动抄表核算率98%、采集成功率98.5%，按规定开展计量装置巡视工作，针对异常天气、采集大面积离线等情况开展特巡工作。重点巡视计量装置是否运行正常、计量箱门是否损坏、计量封印是否完整、接线是否松动或有烧痕、采集终端外置天线是否损坏、采集终端运行环境是否满足现场安全工作需要、控制回路接线是否正常、电能表或采集终端是否有报警异常等情况，并做好巡视记录，面对计量故障或缺陷鼓励采用照相取证管理。

2) 计量故障、差错处理按照调查程序和"四不放过"的原则开展故障调查处理工作。电能表故障现象录入准确率100%。

3) 供电所由专人负责封印的发放和领用，填写领用记录；"三封一锁"使用率、完好率100%；Ⅲ类及以上计量装置电子封印配置率达到100%。

4) 智能计量周转柜和计量周转箱配置率100%，库存电能表的库龄应小于6个月。

(3) 考评规范。

1) 未实现智能电能表覆盖率99%、自动抄表核算率98%、采集成功率98.5%的，每降低0.1%扣1分。每项最多扣5分。

2) 未按规定定期开展计量装置巡视工作的，扣10分；发现故障、缺陷未填写电能计量装置缺陷记录、也未执行照相取证管理的，每次扣2分，最多扣10分。

3) 未按照"四不放过"的原则开展故障调查处理工作的，扣10分；每发现一次故障现象未录入或录入不准确的，扣5分。

4) 计量封印未指定专人管理的，扣2分；未填写领用记录的，每次扣2分，最多扣10分；"三封一锁"不全的，每处扣2分，最多扣20分；Ⅲ类及以上计量装置电子封印配置率低于90%，扣5分，每降低10%加扣5分。

5) 未配置智能计量周转柜和计量周转箱，每缺一种扣10分；

库存电能表存在库龄大于 6 个月现象的扣 15 分。

(二十八) 线损管理

(1) 规范分值为 50 分。

(2) 建设规范。

1) 按照线损规范化管理要求开展线损管理工作，线损指标管理科学，指标责任分解到人，完成上级主管部门下达的考核指标。东部地区供电所 0.4kV 线损率不大于 5%，中西部地区供电所 0.4kV 线损率不大于 7%。完善线损考核办法，设立线损考核指标和激励指标，严格考核和兑现奖惩，严禁所有考核指标相同，严禁以包代管，严禁全奖全罚，实行按月统计、按月考核、按规定兑现奖惩。负责 10kV 业务的供电所，10kV 线损率完成上级主管部门下达的考核指标。

2) 台区同期线损各项指标达到国网公司要求，台区线损合格率不小于 90%，台区同期线损在线监测率不小于 90%，台区同期线损自动监测率不小于 95%，台区模型配置率不小于 99%。

3) 建立线损异常治理机制，按月开展月度线损和同期线损分析，重点对高线损、负线损等异常线路和台区进行分析，制定切实可行的降损措施，并组织落实。

(3) 考评规范。

1) 未制定本所月度管理降损或技术降损计划的，扣 3 分。

2) 未根据上级主管部门下发的年度线损率指标制定线损指标责任分解表的，扣 5 分；线损率指标未实行双指标管理的，扣 5 分；未完成线损指标要求的，每高于指标 0.1%，扣 2 分；发现考核指标相同、以包代管或全奖全罚等情况的，扣 20 分。

3) 未根据供电所绩效考核要求对线损指标进行考核的，扣 10 分。

4) 台区同期线损合格率未达标，每少 1% 扣 1 分，最多扣 10 分；台区同期线损在线监测率未达标，每少 1% 扣 1 分，最多扣 5 分；台区同期线损自动监测率未达标，每少 1% 扣 1 分，最多扣 5

分；台区模型配置率未达标，每少1%扣1分，最多扣10分。

5）无线损、同期线损分析内容的，扣5分；高损、负损等异常线路或台区未提出降损措施并落实的，每条（台）扣2分，最多扣20分。

6）不能运用信息系统开展异常分析，进行线损和同期线损监控的扣5分。

（二十九）营业普查管理

（1）规范分值为20分。

（2）建设规范。

1）按年度计划或供电所的工作实际定期开展营业普查工作。

2）集中开展营业普查，重点对各种营业基础资料进行核对，对《供用电合同》履行情况、计量装置运行情况、违约用电及窃电行为进行检查，违约用电窃电依法依规查处。

（3）考评规范。

1）未按照年度计划或所内营销工作实际制定营业普查工作计划的，扣20分；未按计划开展工作的，每次扣2分，最多扣10分。

2）现场检查发现系统客户档案信息（用电性质、电价执行、光力定比、计量信息等）与实际不符的，每户扣10分。

3）现场检查发现窃电、违约用电行为，扣20分。

4）供电所查处的客户窃电、违约用电行为未及时录入营销业务应用系统的，每起扣10分。

5）无法证明常态开展反窃电工作的扣20分。

四、人员一专多能

（三十）岗位管理

（1）规范分值为30分。

（2）建设规范。供电所人员熟知本岗位职责，熟知岗位职责内专业管理要求；按照专业工作要求，熟练应用信息化系统。

（3）考评规范。

1）不熟悉岗位职责的，每人扣 5 分；不熟知岗位职责内专业管理要求的，每人扣 3 分。

2）按照岗位需要，不能熟练应用专业系统（PMS 系统、营销 SG186、用电信息采集系统和乡镇供电所综合业务监控平台等）开展专业管理工作的，每人扣 10 分。

（三十一）人员考勤管理

（1）规范分值为 20 分。

（2）建设规范。供电所人员应严格履行请销假制度。工作期间严禁饮酒和从事与工作无关事项。

（3）考评规范。

1）未落实请销假制度的，扣 10 分。

2）工作期间发现有饮酒、玩麻将、玩游戏、看与工作无关视频等违规的，每人次扣 10 分。

（三十二）绩效考核管理

（1）规范分值为 30 分。

（2）建设规范。严格落实上级绩效考核要求。

（3）考评规范。未落实上级单位绩效考核要求的，扣 30 分；考核记录体现不出差异性，每项扣 2 分，最多扣 10 分。

（三十三）培训计划管理

（1）规范分值为 40 分。

（2）建设规范。

1）以市、县级供电公司或供电服务公司集中培训为主，因地制宜建立供电所培训场地，完善培训所需设施设备。

2）制定供电所年度培训计划，根据不同岗位特点有针对性地按计划开展培训工作，拓展新型业务培训内容。

3）加强"一专多能"的培训，加强对复合型高技能人才和岗位标兵的培养及选拔任用，促进一线人员参加职业技能鉴定，提高持证比例。

4）将年度安全教育培训计划纳入年度培训计划中，内容应包

47

括：国家电网有限公司安全生产规章制度、电力安全工作规定、"两票"填写、触电急救及心肺复苏法、应急疏散、消防器材使用与火灾逃生、风险点辨识及防范等内容，每月开展员工安全教育培训。所内定期组织开展《国家电网公司电力安全工作规程》和安全生产知识考试、测试。

5）供电所每年至少应组织一次安全工器具使用方法培训，新进员工上岗前应进行安全工器具使用方法培训，新型安全工器具使用前应组织针对性培训。

6）定期开展或参加应急理论和技能培训。

7）定期组织开展应急演练，每半年至少组织一次现场处置方案演练，按时参加市、县组织的专项应急演练。

（3）考评规范。

1）供电所上级单位无集中培训设施和场地且供电所无室内、外培训场地的，扣5分，只有室内或室外培训场地的，扣2分；培训设施陈旧与当前工作结合不密切，或仅用于展示、利用率低的，扣5分；供电所无培训场地，未参加上级单位组织的集中培训的，扣15分。

2）未编制培训计划的，扣10分；培训内容未涵盖新型业务的，扣5分；培训计划未严格执行的，每次扣2分；未按照培训计划开展培训并做好培训记录，每缺少一次扣5分。

3）供电所技能鉴定取证率低于100%的，每降低1%，扣1分。新入职员工两年内不计。

4）未制定年度安全教育培训计划，扣10分；专业班组未按计划月度组织培训，每次扣5分；未熟练掌握触电急救及心肺复苏方法，每人扣2分。员工个人安全培训档案缺失或安全培训内容不全，每人扣1分。

5）未按规定开展安全工器具培训，每次扣2分。

6）未按期开展或参加应急培训，扣5分；应急培训和宣传内容不符合要求，扣2分。

7) 未按要求开展现场处置方案演练、专项应急演练，扣5分；演练内容不符合有关要求，扣2分。

(三十四) 派工单管理

(1) 规范分值为20分。

(2) 建设规范。

1) 所有不需办理工作票、抢修单的作业，均应填写派工单。派工人根据计划工作、报（抢）修工作和临时工作明确工作任务，并合理安排人员。工作结束后，派工人应在派工单上填写返回时间，存档备查。在特殊情况不能填写派工单，经所长批准并履行录音（电话录音、手机录音）手续，现场做好抢（报）修记录，可以先进行工作，应在工作完成后两天内补办派工单。

2) 每月对已执行派工单进行汇总，并妥善保管，保管期为一年。

(3) 考评规范。

1) 派工单使用超范围，每份扣2分；派工单所填安全措施不正确完备，每份扣2分；特殊情况下的抢（报）修记录无对应录音记录、补录的派工单，按无票工作考核，每份扣10分。

2) 每月未对已执行派工单进行汇总，每次扣2分；派工单遗失，每份扣2分。

(三十五) 设备日常监测管理

(1) 规范分值为10分。

(2) 建设规范。

1) 开展设备日常管理工作，确保配电设施对地、对建筑物、树竹距离（包括交叉跨越距离）满足规程要求，不存在装置性缺陷等。

2) 开展线路和配变功率因数、三相不平衡监测。

(3) 考评规范。

1) 检查配电线路交跨台账，配电线路及设备对地、对建筑物等安全距离不满足规定的，每处扣2分。

2) 10kV线路功率因数低于0.95，每条扣1分。

3）配变功率因数低于 0.90，每台扣 1 分。

4）未开展三相负荷测试并形成相关记录的扣 5 分。线路三相不平衡合格率占比低于 85%，每低 1% 扣 1 分。

（三十六）台区经理制管理

（1）规范分值为 30 分。

（2）建设规范。

1）全面实行配电运维、设备管理、台区营销管理和客户服务于一体的"台区经理制"，台区维护设备划分到位，建立台区经理基础台账。

2）台区经理《国家电网公司电力安全工作规程》考试合格，通过配电营业工技能鉴定，或通过配电类和营销类技能鉴定，初期条件不具备的，可按照配电运维、营销服务人员"1+1"组合的方式配备台区经理。

3）建立合理台区经理网格图，网格分布合理，台区经理就近划片管理。

4）细化台区指标规则，台区指标完成情况应与绩效挂钩。

（3）考评规范。

1）每个台区配备台区经理，台区经理覆盖率达到 100%，每降低 1%，扣 2 分，最多扣 10 分；台区维护设备划分符合实际情况，建立台区经理基础台账，未建立台账扣 2 分。

2）检查台区经理《国家电网公司电力安全工作规程》考试成绩、技能鉴定证书或文件，不符合要求的，每人扣 5 分。

3）未设置台区经理地理位置网格图，扣 10 分；网格分布不合理、未就近形成互助组的，扣 5 分。

4）未细化台区指标，扣 5 分；台区指标未与绩效挂钩，扣 5 分。

（三十七）综合柜员制管理

（1）规范分值为 20 分。

（2）建设规范。营业厅实行综合柜员制，融合业务咨询、受理、查询、缴费等职能，实现"一口对外"和"一站式"服务。

(3) 考评规范。营业厅未实行综合柜员制，扣5分。营业厅人员不具备办理、查询、缴费等综合类业务办理能力的，每人扣1分。

五、服务一次到位

(三十八) 抢修值班管理

(1) 规范分值为20分。

(2) 建设规范。

1) 值班室应配备办公桌椅、床铺、录音电话、电脑、所内监控等设备，满足值班抢修工作。

2) 值班人员熟悉抢修、报修流程，实行24小时值班，严格履行交接班制度，填写值班记录，记录与实际情况相符，值班记录及时、完善、规范。值班人员能够随时领取备品备件、工器具、驾驶抢修车辆开展抢修工作。

3) 值班室能满足值班人员及时查阅辖区10、0.4kV电网配电台区线路图和各种设备情况，或值班室计算机能够登陆营销SG186、生产PMS系统查询相关设备参数及数据。

(3) 考评规范。

1) 供电所值班室配置办公桌椅、床铺、录音电话、电脑、所内监控等设备，满足值班抢修工作；辖区大且在偏远地方设置供电服务站的值班室内应配置抢修柜、抢修工器具，配置不齐全，每项扣5分。

2) 值班人员不熟悉值班流程的，扣3分；日常工器具室等钥匙安排，不具备随时领取备品备件、工器具的，扣3分。

3) 值班记录与实际工作不符的，扣5分；值班记录不及时、不完整、不规范，每处扣2分。

4) 值班人员擅离工作岗位或从事与工作无关活动的，扣10分。

5) 值班室不能满足查阅要求，一项扣5分。

(三十九) 业扩管理

(1) 规范分值为40分。

（2）建设规范。

1）业扩报装工作严格按照国家电网公司及省公司业扩报装管理相关文件执行。

2）业扩档案资料按照《国家电网公司电力客户档案管理规定》执行，由专人负责、执行"一户一档"管理，档案信息与系统信息和用户现场信息保持一致。低压非居民客户和居民客户资料按户号顺序等方式归档存放，批量用户的公共资料集中存放在批量用户档案盒，实现定置查询。

3）供用电合同按《国家电网公司供用电合同管理细则》执行，签订率100%、有效率100%、规范率100%，并且不超签订期限，低压用户不超过10年、临时用户不超3年。

（3）考评规范。

1）未严格执行首问负责制、一次性告知或告知不到位造成用户多次往返的，扣10分；未按最新用电业务办理告知书办理的，扣10分。

2）未按照工作流程及时限办结工作的，如现场进度未与系统同步，存在超短、超期工单等，每户扣3分，最多扣15分；未使用最新报装资料的，扣20分。

3）未执行"一户一档"管理的，扣10分。

4）受理业扩报装资料（不含供用电合同）不完整的，每户扣2分，最多扣10分；档案资料、系统信息与用户实际信息不符的，每户扣2分，最多扣10分。

5）档案室未分类、未按顺序存放业扩资料的扣5分。

6）缺少供用电合同或供用电合同无效的，每户扣3分，最多扣15分；超签订期限的，每户扣2分，最多扣10分。

（四十）电费电价管理

（1）规范分值为30分。

（2）建设规范。严格执行电价政策，杜绝搭车收费，电价更新及时、宣传到位。

(3) 考评规范。

1) 现场检查用户电价执行情况,发现电价执行错误的,每户扣2分;发现搭车收费、白条收费的,每户扣10分。

2) 电价未及时更新的,扣3分;最新电价表、农排电价未按要求宣传的,扣5分。

(四十一) 营业厅日常管理

(1) 规范分值为30分。

(2) 建设规范。

1) 营业厅各项设施齐全,以客户需求为导向,设置新型业务体验区。

2) 标识标牌管理符合《国家电网公司标识应用手册》要求,营业厅外有营业厅标牌、门楣、营业时间牌、灯箱,营业厅内有业扩办理流程、电价公示、"三个十条"等公示牌。

3) 营业厅人员仪表仪态规定。应保持妆容适宜,员工应妆容简洁、自然,着装要整齐、清洁,工作时间内应穿着统一配发的工装,并按规范佩戴工号牌。

4) 营业厅人员服务行为规定。不得在营业厅内吃东西,严禁在办公区域内吸烟,不得在工作区做与工作无关的事情;有客户正在办理业务或等待办理业务时,不允许接打手机,办公业务使用办公电话处理。无特殊情况,不允许非营业厅岗位人员在工作区内活动,严禁酒后上岗。

5) 营业厅人员柜台接待服务规定。在工作中严格执行"首问负责制""限时办结制";当有客户来办理业务时,应遵循"先外后内"的原则,即立即停下内部事务,马上接待客户。下班时,如仍有正在处理中的业务应照常办理;若仍有等候办理业务的客户,必须全部办理完毕后方可下班,不得找借口拒绝。

6) 业务办理规定。业务受理、营业收费、咨询查询、投诉举报满足服务规范要求。

7) 宣传资料管理规定。每日对外营业前后应整理宣传资料,对放置区低于额定量的宣传资料应及时补足，保证宣传资料齐全，摆放整齐有序。

8）自助终端管理规定。应设置人员管理，负责自助终端设备的日常维护，更换打印纸和票据，日常擦拭保养等。出现故障时要张贴故障公告，指引客户采用其他方式购电。每日巡视自助终端的运行情况，并进行记录，发现异常情况及时处理。

9）便民服务设施管理规定。应设置人员管理，保持便民设施在营业时段内处于可用的状态，对外营业前检查各项便民设施是否完好，当发现设备故障或数量不足时，应及时维修、更换或补充。

10）营业厅必须在明显位置摆放客户意见簿或意见箱。

(3) 考评规范。

1）各项设施不齐全的，每项扣3分；有客户需求未设置新型业务体验区的，扣5分。

2）标识标牌缺失或不符合《国家电网公司品牌推广应用手册》要求的，每项扣2分。

3）检查发现营业厅人员仪表仪态、服务行为、柜台接待服务、业务办理规定不满足上述规定的，每人次扣2分。

4）检查发现营业厅宣传资料、自助终端、便民服务设施管理不满足上述规定的，每处扣2分。

5）营业厅没有客户意见簿或意见箱，扣5分；客户意见未及时处理和答复，每发现一起扣1分。

（四十二）投诉管理

（1）规范分值为30分。

（2）建设规范。

1）投诉举报万户比例＝投诉举报件次/(总户数/10000)。由于供电所管理不到位或所内职工因工作失误、工作行为不规范、与客户沟通不当或其他原因导致用户不满，出现的投诉举报。每发生一次95598接到的投诉举报事件视为1件次。

2) 不发生计量装置安装串户和错接线的客户投诉。

3) 不发生计量装置申校超时的客户投诉。

4) 抢修到场时限符合要求，不发生抢修服务态度投诉。

5) 不发生电压质量投诉。

6) 不发生营业服务类投诉。

(3) 考评规范。

1) 规范值为1，完成值不大于1时，即每万户发生1次投诉，得分为20分，计算公式为20－(万户投诉比例－1)×5，以此类推；完成值大于或等于5，即每万户发生5次投诉时，得分为0。

2) 本年度发生计量装置安装串户和错接线的属实责任投诉，每发生一次扣5分。

3) 本年度发生计量装置申校超时造成的客户属实责任投诉，每发生一次扣5分。

4) 本年度发生抢修到场超时限，每次扣2分；本年度发生抢修服务态度属实投诉，每次扣5分。

5) 本年度发生电压质量属实投诉的，每次扣2分。

6) 本年度发生营业服务类属实投诉的，每次扣2分。

(四十三)"互联网＋"营销运维及新型业务

(1) 规范分值为50分。

(2) 建设规范。

1) 推行"互联网＋"营销服务，推广线上渠道应用，重点推进"掌上电力""电e宝"等自有渠道应用。

2) 推广基于移动作业平台的营销微应用群，全面实现客户服务、电费催收、业扩报装、用电检查、计量装拆、电能替代等现场作业功能，推进取消纸质工单流转，提高现场综合服务能力和效率。

3) 推广使用PMS移动作业终端，日常巡视、维护、检修作业使用移动终端开展；推广使用配网故障抢修APP，提高作业质量和效率，配抢APP移动接单率不低于95%。

4) 熟悉电动汽车充电设施建设与服务相关政策信息和业务办

理知识。

5) 熟悉低压分布式电源并网相关政策信息和业务办理知识，相关业务办理流程规范，实现供电所低压分布式电源并网服务咨询、受理、并网的一站式办理。

6) 掌握电能替代工作规则，了解支持电能替代相关政策和电能替代相关技术，开展电能替代宣传推广活动。

(3) 考评规范。

1) 未按要求开展"互联网＋"营销服务宣传推广及应用工作，扣10分；综合柜员、台区经理不能熟练使用"掌上电力""电e宝"等APP，每人次扣5分，最多扣10分。

2) 具备应用条件的供电所，未按照年度推广进度要求使用营销移动业务应用开展相关工作，扣5分；利用移动作业终端办理现场作业工作量占比低于年度要求的，每降低5%，扣1分。

3) 未使用PMS移动作业终端开展日常巡视、维护、检修作业的，扣5分；未使用配网故障抢修APP，扣5分；配抢APP移动接单率95%以下，每降低5%，扣1分。

4) 不熟悉电动汽车充电设施建设与服务相关政策信息和业务办理知识，每人次扣5分，最多扣10分。

5) 不熟悉低压分布式电源并网相关政策信息和业务办理知识，每人次扣5分；供电所受理的低压分布式电源并网业务流程不规范，每户扣2分，最多扣10分。

6) 不熟悉电能替代工作规则，扣5分；未开展电能替代宣传推广活动，扣5分。

第三节　加 分 项 部 分

一、先进集体加分

(1) 规范分值为10分。

(2) 建设规范。供电所团队凝聚力强，积极落实上级工作要求，获得上级部门或政府部门表彰奖励。

(3) 考评规范。近两年内，国家级先进，每个加 10 分；省部级或国家电网公司级先进，每个加 5 分；地市级或省公司级先进，每个加 2 分。最多加分不超过 10 分，以文件、证书、奖牌等下发时间为准。

二、先进个人加分

(1) 规范分值为 10 分。

(2) 建设规范。供电所员工工作积极并在专业工作上做出突出贡献，获得上级部门或政府部门表彰奖励。

(3) 考评规范。近两年内，国家级先进每个加 10 分；省部级或国家电网公司级先进，每个加 5 分；地市级或省公司级先进，每个加 2 分。最多加分不超过 10 分，以文件、证书、奖牌等下发时间为准。

三、全年无属实责任投诉供电所

(1) 规范分值为 10 分。

(2) 建设规范。供电所践行"以客户为中心"的服务理念，未发生供电公司责任的属实投诉。

(3) 考评规范。本年度内无属实责任投诉加 10 分，申诉成功投诉，视为非属实投诉。

四、形成星级或"全能型"乡镇供电所建设典型经验并得到推广应用

(1) 规范分值为 10 分。

(2) 建设规范。农村新兴业务供电保障服务，基于地域特征的农村安全用电管理，城乡供电服务均等化等，得到国家电网有限公司和省公司、地市公司文件认可。

(3) 考评规范。近两年内，由国家电网有限公司认定并推广应用的每个加 10 分；由省公司认定并推广应用的每个加 5 分，由

市公司认定并推广应用的每个加 2 分。最多加分不超过 10 分。

五、表彰奖励

（1）规范分值为 10 分。

（2）建设规范。在安全生产、效率效益提升和创新管理方面业绩突出（如市场开拓、节能降损、电能替代），取得国家专利或国家级、省级奖励的科技项目，实施电能替代项目等。

（3）考评规范。近两年内，国家级文件和专利每个加 10 分，省部级或国家电网公司级文件每个加 5 分，地市级或省公司级文件每个加 2 分。本年度实施电能替代项目每个加 0.2 分。最多加分不超过 10 分。

第四章 星级"全能型"乡镇供电所现场考评指导书

一、必备条件

序号	管理项	频次	星级标准	检查方式	现场考评指导书	结论
1	"全能型"乡镇供电所建设	年度	四、五星级标准：完成班组末端融合设置，实施网格化台区经理员制，营业厅实现综合柜员制，营业厅"三型一化"营业的员工队伍，因地制宜推进乡镇供电培养一专多能的员工队伍，因地制宜支撑新型业务推广。三星级及以下标准：完成班组末端融合设置，实施网格化台区经理员制，营业厅实现综合柜员制	现场检查	是□/否□班组末端融合设置，是□/否□实施网格化台区经理员制，是□/否□营业厅实现综合柜员制，是□/否□推进乡镇供电营业厅"三型一化"营业的员工队伍，是□/否□培养一专多能的员工队伍，是□/否□因地制宜支撑新型业务推广	通过□/未通过□
2	不发生七级及以上电网事件，设备事件和信息系统事件，不发生八级及以上人身事件，不发生电气误操作事故，不发生火灾事故	年度	一星至五星级标准为0次	查询安监管理一体化平台	登陆安监管理一体化平台，在"安全统计分析"模块中查询，截至电网事件、设备事件和信息系统事件，七级及以上电网事件，是□/否□发生八级及以上人身事件，是□/否□发生电气误操作事故，是□/否□发生火灾事故	通过□/未通过□

59

续表

序号	管理项	频次	星级标准	检查方式	现场考评指导书	结论
3	不发生行风突发事件，不发生因供电所人员服务不到位引起的新闻媒体曝光及造成重大社会负面影响的事件，不发生负主要责任的农村社群众触电伤亡事故，不发生同等及以上责任交通事故	年度	一星至五星级标准为0次	查询专业和报告媒体事件	经问询和互联网搜索，截至检查日，本年度是□否□发生行风突发事件；是□否□发生因供电所人员服务不到位引起的新闻媒体曝光、造成重大社会负面影响的事件；查询是□否□发生负主要责任的农村社群众触电伤亡事故，是□否□发生同等及以上责任交通事故	通过□/未通过□
4	不发生所内工作人员违法违纪事件	年度	一星至五星级标准为0次	查询专业和报告媒体事件	截至检查日，本年度是□否□发生所内工作人员违法违纪事件	通过□/未通过□
5	"两票"合格率＝正确的"两票"份数/应统计的"两票"份数×100% 是指《国家电网公司电力安全工作规程》规定应使用的工作票、操作票、抢修单等作业凭证，包括已执行和填写错误未执行的"两票"	年度	一星至五星级标准为100%	查询PMS系统和手工填票	截至检查日，本年度 (1) "两票"管理实现在PMS系统管控的作业，登陆PMS系统—电网检修管理—工作票管理模块和操作票管理模块，查看工作票和操作票的填写合格率。"两票"合格率＝( )%。 (2) "两票"未纳入PMS系统管控的作业，依据评价规范第十八项和十九项检查结果，"两票"合格率＝( )%。	通过□/未通过□

续表

序号	管理项	频次	星级标准	检查方式	现场考评指导书	结论
6	电费回收率	年度	一星至五星标准为100%	查询营销SG186业务应用系统	登陆营销SG186业务应用系统查询,截至检查日,本年度上月累计,电费回收率=( )/( )=( )% 计/应收电费合计=( )/( )=( )%	通过□/ 未通过□
7	供电所图数治理星级	年度	五星级标准:达到供电所图数治理五星级标准,低压配电网数据实现全采录,全贯通;公用配电变压器运行数据完整率大于95%,公用配电变压器运行数据采集率大于90%。 四星级标准:低压配电网数据采集全贯通,变—表箱对应率100%。 不负责10kV业务,不评价10kV相关内容	查询PMS系统	登陆PMS系统,查询全采录、全贯通( )%。公用配电变压器运行数据采集率是( )%. 不负责10kV业务,不评价10kV相关内容	通过□/ 未通过□
8.1	10kV线损率	年度	五星级标准:分线路、分台区管理达到100%,10kV线损率在省公司处于前三分之一名次中。 四星级标准:在本地区排名先进行列。 不负责10kV业务不考核10kV线损指标	查询一体化电量与线损管理平台	查看线损统计报表,随机抽查1个月数据,登陆系统进行核查,是□否□与统计报表一致。截至检查上月累计,10kV线损率=( )% 不负责10kV业务不考核10kV指标	通过□/ 未通过□

61

续表

序号	管理项	频次	星级标准	检查方式	现场考评指导书	结论
8.2	0.4kV线损率	年度	五星级标准：分线路、分台区管理达到100%，0.4kV线损在省公司处于前三分之一名次中。四星级标准：在本地区排名先进行列。	查询一体化电量与线损管理平台或营销SG186业务应用系统	查看线损统计报表，随机抽查1个月数据，陆系统进行核查，是□否□与统计报表一致。截至检查日，本年度上月累计，0.4kV线损率=( )%	通过□未通过□
9	95598故障报修到达现场及时率	月均	四星级、五星级标准为99.5%	查询PMS系统或营销SG186业务应用系统	(1) 供电所是□否□承担抢修任务，不承担该项不评价。(2) 承担抢修任务的供电所，登陆PMS系统—配网抢修管控模块（或查询营销SG186业务应用系统95598业务处理模块），查看95598故障报修到达现场及时率=( )%	通过□未通过□
10	低压业扩报装服务规范率	年度	四星、五星级标准为100%	查询营销SG186业务应用系统以及业扩报表投诉工单	登录营销SG186系统，查询截至检查日，本年度数据，分为两部分：	通过□未通过□

62

续表

序号	管理项	频次	星级标准	检查方式	现场考评指导书	结论
10	低压业扩报装服务规范率	年度	四星、五星级标准为100%	查询营销SG186应用系统以及业扩报装投诉工单	(1) 业扩服务时限达标率=(时限达标的已归档业扩新装、增容流程数总和)×100%。以SG186营销业务应用系统中的数据为基础数据源，按月提取业扩新装、增容接电时限每月抽查1个，低压业扩新装、增容接电时限(从受理申请到完成接电网公司责任环节时限)达标且方案答复、装表接电时间满足"十项承诺"要求的为达标业务。 业扩服务时限达标率=( )%。 (2) 业扩报装类投诉，以SG186营销系统中的数据为基础数据源，提取在业扩类投诉工单中，不存在业扩类投诉工单数( )。 低压业扩报装服务规范率是口/否口达到100%	通过口/未通过口
11	日均采集成功率	年度	四星、五星级标准为99%	查询用电信息采集系统	登陆用电信息采集系统，查询截至检查日，上月日均采集成功率=( )%	通过口/未通过口
12	服务类属实投诉	年度	五星级标准为0次	查询95598业务支持系统	登陆95598业务支持系统，在"统计分析—投诉举报类—投诉业务分类统计"模块，查询截至检查日，本年度累计服务类属实投诉数量=( )件	通过口/未通过口

63

二、考评规范

管理类别	管理项目	分值	现场考评指导书	扣分	得分
一、基础保障扎实	(一)组织机构及廉洁从业管理	30	(1) 供电所定员是□否□满足设置多班组的条件；满足设置多班组条件的，按照内勤类和外勤类设置班组，未设置班组、不健全的扣10分。 (2) 未端融合的工作流程制度是□否□健全，不健全的扣2分。 (3) 供电所应成立党支部的是□否□成立党支部，未成立的扣5分。 (4) 成立党支部的供电所党组织是□否□健全，不健全的扣5分。 (5) 党支部组织生活制度是□否□按要求开展的有( )项，每项扣2分。不符合党支部成立要求的供电所应评价3～5项。 (6) 供电所是□否□组织开展廉洁从业教育和典型案例警示教育，未开展扣5分。 (7) 发生行风事件( )件，员工违反违纪事件( )项，每件扣10分。 (8) 是□否□有未处理的行风事件及员工违法违纪事件，有未处理的扣30分。		
	(二)配套设施设备管理	40	(1) 供电所总人数( )人、生产营业用房为( )层楼房/平房、总建筑面积( )平方米、房屋( )间。 (2) 运维检修用房、备班用房、库房（安全工器具室□、生产工器具室□、备品备件室□）、值班用房（值班室□、备班用房或宿舍□）。 (3) 营销服务用房：营业厅□。 (4) 综合管理用房：所长（书记或副所长）办公室□/各班组办公室□、会议室□、实训室□。 (5) 配套设施用房：食堂□、卫生间□、更衣室/浴室□，缺少一项扣1分，最多扣5分。 (6) 鉴定为危房的供电所是□否□纳入新建计划，未纳入新建的扣20分。		

64

续表

管理类别	管理项目	分值	现场考评指导书	扣分	得分
一、基础保障扎实	(二)配套设施设备管理	40	(7)房屋墙面地面开裂、房屋屋面用房内配置设备是□否□齐全，不齐全的，漏雨等影响办公和服务环境，是□否□纳入维修计划，未纳入扣10分。 (8)生产营业用房内配置设备是□否□齐全，不齐全各扣3分。 (9)运维检修用房、营业用房、营销服务用房、综合管理用房及配套设施用房未张贴定置图或定置图与实际不符有（ ），每个区域扣2分。 (10)供电所、营业厅通过自建光缆（ ）相用通道□接入数据通信网、接入网络带宽（ ）M。 (11)供电所会议室是□否□具备视频会议功能、营业厅是□否□具备音视频监控功能，不具备的每一项扣3分。 (12)供电所内勤类班组有（ ）人，配置电脑（ ）台。内勤、外勤类班组按照人、配置电脑（ ）台。外勤类班组按照人员数量与计算机数量之比应分别达到1:1、2:1，按照配置标准计算机配置缺少（ ）台，每缺1台，扣1分。 (13)每个班组随机抽查电脑1台，操作办公软件及登陆常用信息系统，出现电脑运行速度慢等现象，影响正常工作的（ ）台，每发现一台扣1分。 (14)生产服务用车（ ）辆，车辆配置率＝实际配置车辆数/应配置车辆数×100%＝（ ）%，配置率低于80%的，每降低5%，扣1分，最多扣5分。未配置生产抢修车辆扣10分。应配置车辆数＝供电所定员人数/13，进位取整。		
	(三)基础资料管理	50	(1)是□否□执行国家电网有限公司、省（市）公司供电所有关模板，未执行，扣30分。 (2)本所手工填写资料（ ）种、电子资料（ ）种资料电子化要求，扣15分。 (3)对照省（市）公司下发目录，基础数据台账与实物不符、图数不一致、缺一项资料扣2分。 (4)随机抽查3处配电设备，横向检查账、营配不对应的有（ ）项资料，发现缺少（ ）种资料，发现营、配、营配不一致的有（ ）处，每处扣2分。处，每处扣2分。 （）处，随机抽查基础数据台账营销、运检资料并与现场核实，三方数据不一致的有（ ）处，每处扣5分。		

65

续表

管理类别	管理项目	分值	现场考评指导书	扣分	得分
	(三) 基础资料管理	50	(5) 供电所是□/否□开展配电网基础数据治理和全量数据自查,未开展扣10分。 (6) 供电所图数治理图数一致率达到( )%,达到( )、星级标准、低于四星级的,每降低一个星级扣5分		
	(四) 信息系统应用	30	已开展营销SG186业务应用系统□、用电信息采集系统□、PMS系统□、供电所综合业务监控平台□应用,未应用每个扣10分		
	(五) 所容所貌管理	20	(1) 供电所办公区、生活区( )个房间未落实环境卫生管理责任,每个扣5分。 (2) ( )个房间脏和差,每个扣5分		
一、基础保障扎实	(六) 会议管理	20	截至检查日: (1) 召开月(季)工作例会( )次,月(季)例会每年不少于12次,未召开月(季)例会、季度会应与月度例会合并召开。 扣2分。(2) 召开周工作例会( )次,周例会每月不少于2次,未召开周例会( )次,缺少一次扣2分。周例会可与安全日活动合并召开,可扣除国家法定长假造成工作日少于3天的周例会合并召开		
	(七) 工作计划及总结管理	40	(1) 截至检查日,应编制计划( )份、总结( )份、实际编制计划( )份、总结( )份,每缺少一份扣5分。随机抽查当年1份计划对应周计划1份对应月总结、计划对应月总结与实际不符( )处,每处扣1分,最多扣5分。未定期开展分析工作,营销服务分析报告有( )份,分析不具法定长假造成工作日少于3天的周计划。 (2) 是□/否□定期开展安全生产、营销服务分析工作,营销服务分析报告有( )份,分析不具体,缺少分析项目或定期开展制定的提升措施不具有操作性的报告每份扣5分		

66

第一篇 星级"全能型"乡镇供电所建设评价标准

续表

管理类别	管理项目	分值	现场考评指导书	扣分	得分
一、基础保障扎实	(八) 安全工器具管理	20	(1) 对照《班组安全工器具参考配表》《供电所一栏安全工器具，缺（ ）项，少一项扣1分。 (2) 是□否□有安全工器具台账，无台账扣5分。 (3) 安全工器具室账、卡、物不相符的有（ ）处，每件扣1分。 (4) 安全工器具未张贴试验合格证，或试验报告超周期（ ）件，每件扣1分。 (5) 发现使用不合格或超试验周期的安全工器具（ ）件，每件扣5分。 (6) 安全工器具摆放未定置，定位统一分类编号（ ）件，每件扣1分。 (7) （ ）件安全工器具无月度检查维护记录，每件扣1分。 (8) （ ）件不合格安全工器具未封存，好环混放，每件扣1分。 (9) 抽查两份工作票、两份操作票、抢修单，每次工作票、操作票、抢修单检查，与安全工器具领用记录对照（ ）次，每次扣2分。 (10) 登陆安监一体化平台，工器具管理模块，检查安全工器具是否□纳入管理，未纳入扣5分		
	(九) 施工工器具管理	20	供电所无施工工器具，本项不评价。 (1) 是□否□有施工工器具台账，无台账扣5分。 (2) （ ）件、卡、物不一致或未定置管理。 (3) 发现施工工器具维护不善，与不合格工器具混放（ ）件，每件扣1分。 (4) 抽查两份工作票、两份操作票、抢修单，结合工作票、操作票、抢修单检查，与施工工器具领用记录对照（ ）次，每次扣1分		
	(十) 备品备件等物资管理	20	(1) 备品备件是□否□作为迎检陈列，作为迎检陈列扣10分。 (2) 是□否□建立台账，未建立扣5分。 (3) 是□否□执行出入库记录，未执行扣5分。 (4) 账、卡、物不一致的（ ）种，每种物资扣5分。 (5) 是□否□执行定置管理，未定置摆放的，扣5分		

67

续表

管理类别	管理项目	分值	现场考评指导书	扣分	得分
一、基础保障扎实	(十一)户均容量	10	(1) 登录 PMS 系统取数：公用配变总容量=（　）kVA，登录 SG186 系统取数：低压居民用户数=（　）户。 (2) 本所户均容量=公用配电变压器总容量/低压居民用电户数=（　）kVA/（　）户=（　）kVA/户。 (3) 本省平均户均容量=（　）kVA/户，省公司提供。 (4) 扣分： 1) 当本所户均容量≥省公司年度户均容量，不扣分。 2) 当本所户均容量<省公司年度户均容量，扣分=(本省户均容量-本所户均容量)×10×2=（　）分。		
二、安全管控严密	(十二)安全管理责任制	10	(3) 供电所是□否□明确供电岗位安全责任，未明确扣 10 分。 (4) 供电所（　）个岗位安全责任制内容不全，每个岗位扣 1 分。 (5) 供电所是□否□与县供电企业签订安全生产责任书或责任状，未签订扣 5 分。 (6) 是□否□制定落实供电所年度安全目标计划的具体措施，未制定扣 5 分。 (7) 供电所员工（　）人未签订安全责任书（　）份，是□否□具岗位针对性，无针对性扣 5 分。 随机抽查内勤类和外勤类班组各 2 台计算机。 (8) 发现（　）台计算机安装抄股、娱乐、游戏等工作无关的软件，每台扣 5 分。 (9) 发现（　）台计算机未启用信息系统防护软件，每台扣 3 分。 (10) 是□否□有计算机未按照信息系统授权许可及账号实名制管理要求执行，未执行扣 10 分。 (11) 发现（　）个账号未及时清理或权限未及时调整，每个账号扣 2 分。		

续表

管理类别	管理项目	分值	现场考评指导书	扣分	得分
	（十三）法律法规和安全规章制度	10	（1）是□否□有法律、法规、规章制度（ ）个，无清单扣10分。 （2）清单内容缺专业（ ），每项扣5分。 （3）对照清单和专业岗位职责，发现（ ）个岗位未发放本专业标准、规范、规程，未发1项扣1分。纸质版和电子版均可。		
	（十四）安全活动	20	（1）无安全活动记录或随机抽查两次安全日活动，照片等影像资料不对应的，认定为弄虚作假，扣10分。 （2）登录安监一体化平台安全建设（ ）模块，记录内容不具体，不详实，未制定防范措施（ ）次，每次扣3分；未按周期开展（ ）次，每次扣5分，记录内容（ ）次不详实，不具体，未制定防范措施（ ）次，每次扣2分；上级安全文件、事故通报未及时进行学习（ ）次，每次扣2分。 （3）截至检查日，本年度应开展（ ）次安全日活动，现已开展（ ）次，安全日活动是□否□做到全员参加，缺席人员及时补学活动内容，共（ ）人缺席且未补学，每人扣2分。 （5）检查安全活动记录（ ）次非本人签字，无录音录音是□否□不全，每次扣2分。 （6）随机抽查外勤类班组长及成员3人，询问上月安全活动内容，回答不准确的（ ）人，每人扣2分。		
二、安全管控严密	（十五）"两措"管理	10	县供电企业"两措"内容无该供电所，本项不评价。 （1）"两措"计划，是□否□存放县供电企业制定的"两措"，是□否□严格执行县供电企业下达的"两措"计划，未存放、未执行，未制定不得分。 （2）"两措"季度"两措"计划执行情况总结缺少（ ），每下降1%，每次扣5分。 （3）是□否□落实完成时间，责任人，未落实扣5分。 （4）检查当年度"两措"计划完成率，当年月度计划完成率（ ），每下降1%，扣1分。		

69

续表

管理类别	管理项目	分值	现场考评指导书	扣分	得分
二、安全管控严密	(十六)消防、交通、应急及保电工作管理	10	(1) 是□/否□成立以所长为组长的应急处置小组,未成立扣5分。 (2) 缺少应急装备（ ）项,每项扣1分。 (3) 现场处置方案是□/否□具有针对性和操作性,针对性、操作性不强扣5分。 (4) 方案是□/否□报上级备案,未备案扣2分。 (5) 若发生突发事件,检查信息上报情况,是□/否□及时、准确、不及时、准确扣10分。 (6) ( )人未签订消防责任状,每人扣2分。消防责任状与安全责任状合并签署的并检查。 (7) 现场检查消防设施,( )个未按月进行检查,每个扣1分。 (8) 是□/否□制定重要时期保电预案,未制定扣5分。 (9) 检查巡视记录,( )项未按保电工作要求巡视检查,未落实一项扣2分。		
	(十七)现场风险管控	10	检查日供电所无现场作业的,以资料检查为主。 (1) 是□/否□存在作业未执行作业指导书或作业指导书编制与执行严重脱节的,存在扣10分。 (2) 若发生变更作业流程,( )次未履行审批手续,每次扣5分。 (3) 未召开班前会、班后会( )次,每次扣5分。 (4) 班前、班后会是□/否□全程录音录像,未做到全程录音扣2分、录音或影像不全扣1分。 (5) 班前会未做好现场安全交底( )次,每次扣2分。 (6) 未履行确认手续开始工作( )次,每次扣5分。 (7) 有现场作业,是□/否□划分定置区摆放,未划分扣5分。		

续表

管理类别	管理项目	分值	现场考评指导书	扣分	得分
	（十八）工作票（抢修工作票）管理	20	抽查两份工作票、两份抢修单。 (1) 未正确使用工作票（　）份，每份扣5分。 (2) 工作票的填写与签发不规范、不符合《电力工作安全规程》规定（　）份，每份扣10分。 (3) 工作票安全措施不正确完备（　）份，每份扣5分。 (4) 未按月对已执行工作票进行汇总、评价和分析（　）次，每次扣2分。 (5) 遗失工作票（　）份，每份扣2分。		
二、安全管控严密	（十九）操作票管理	10	抽查两张操作票（与抽查的工作票对应）： (1) 如不执行调度指令、改变操作顺序，解锁操作未履行审批手续、未安排专人监护，此项不得分。 (2) 随意修改操作票（　）次，每次扣5分。 (3) 接地线编号操作票（　）次，工作票、出入库领用记录、评价和分析（　）次，每次扣5分。 (4) 未按月对已执行操作票进行汇总、评价和分析（　）次，每份扣2分。 (5) 遗失操作票（　）份，每份扣2分。		
三、业务协同运行	（二十）隐患排查治理	10	(1) 询问安全隐患排查工作，是口否口多方式开展，与安监一体化平台录入不对应，不熟悉《国家电网公司安全隐患管理信息系统应用办法》等评价一体化平台或录入安监一体化平台中的安全隐患管理信息系统对照，安全性检查（　）条隐患未及时录入安监一体化平台或录入不规范，每条扣5分。 (3) 职责范围内安全隐患（　）条未采取控制措施，每条扣2分。 (4) （　）条安全隐患供电企业未按县供电企业制定的治理计划及时整改，每条扣2分。		

71

续表

管理类别	管理项目	分值	现场考评指导书	扣分	得分
三、业务协同运行	(二十一)安全检查和巡视	10	(1)是口否口有一般性检查、专项检查和季节性(春、秋检)安全大检查计划、安排、相关记录，无计划、安排，相关记录不齐。 (2)是口否口按要求开展检查，相关记录不齐。 (3)( )项未按照规定要求开展巡视工作，每项检查扣10分。 (4)对检查出的缺陷，事故隐患( )项未及时上报和采取防范措施，每项扣5分。每项扣2分。		
	(二十二)设备标识管理和缺陷管理	10	(1)随机抽查一个台区及沿途线路，发现( )处标识牌不全，每处扣1分。 (2)安全隐患重点防范区域，( )处未设置有针对性的明显标志牌、警告类标牌，每处扣2分。 (3)抽查1条线路和台区，现场发现缺陷与缺陷记录不相符( )处，不符每项扣5分。 (4)缺陷是口否口实行影像化管理，未执行扣5分。 (5)发现缺陷未列入治理计划的( )处，每处扣2分。 (6)发现缺陷未留存照片( )项，每处扣2分。		
	(二十三)电力设施保护	10	(1)台区检查过程中，未在必要的区段设立标志( )处，每处扣1分。 (2)是口否口有电力设施保护宣传记录，未开展扣2分。 (3)发现隐患( )项，隐患发现保护不及时，造成整改难度加大或无隐患通知单扣10分。 有属地化巡视任务的供电所增加以下检查项: (4)是口否口签订属地化管理责任书，未签订扣5分。 (5)未按照周期巡视( )次，每次扣2分。 (6)未按照要求完善记录、报送信息( )次，每次扣1分。		

续表

管理类别	管理项目	分值	现场考评指导书	扣分	得分
三、业务协同运行	(二十四)故障跳闸治理	10	供电所无10kV业务的，本项不评价。 (1) 10kV线路故障（含10kV出线开关跳闸和线路接地）=（ ）次/年；在PMS系统取数：10kV线路百公里故障率=10kV线路故障次数/10kV线路百公里长度=（ ）次/百公里·年=（ ）次/百公里·年。 (2) 10kV线路百公里故障率=（ ）次/百公里·年（当全年单条线路累计故障≥6次时，$K=1.5$口，否则$K=1$口）=（ ）。 (3) 扣分=（ ）分		
	(二十五)低电压治理	20	(1) 登陆用电信息采集系统，查询历史负荷，是口否口能发现连续超过三天以上的低电压用户，不能及时发现扣5分。 (2) 登陆用电信息采集系统，查询历史负荷，高峰时段台区用户存在电压不合格且未列入整改计划的台区（ ）个，每个扣3分。 (3) 登陆用电信息采集系统取数：存在低电压用户的公变台区数量=（ ）。 (4) 百台低电压台区数=存在低电压用户的公变台区数量/总公变台区数量×2=（ ）×2=（ ），最多扣10分。 (5) 扣分=百台低电压台区数量×2=（ ）。		
	(二十六)农村用电安全及二级剩余电流动作保护器管理	20	(1) 农村公用配电台区断线保护和剩余电流动作保护装置安装率=（ ）个/农村公用配电台区数量，二级剩余电流动作保护器（ ）。 (2) 是口否口有农村公用电台区一、二级剩余电流动作保护器及其二级剩余电流动作保护器台账，投运投装率、每降低1%，扣1分。 (3) 现场随机抽查1台一、二级剩余电流动作保护器，现场信息与台账和PMS系统不一致的（ ）处，每处扣2分。 (4) 是口否口有农村公用电台区一、二级剩余电流动作保护器测试跳闸记录或签字的（ ），无记录扣5分。 (5) 测试、试跳超期，不定期或信息填写不完善、不齐全（ ）处，没有测试试跳记录或测试人签字的（ ）处，每处扣1分。		

续表

管理类别	管理项目	分值	现场考评指导书	扣分	得分
	（二十六）农村用电安全及三级漏保管理	20	（6）扣分=1×｛[低压用户数（　）户－户保安装（　）户]－下发户保安全使用告知书并取证的（　）户｝=（　）。 （7）是□否□开展并留存有农村用电安全宣传照片或资料或报道，未留存扣5分。 注：无二级剩余电流动作保护器的，不评价相关内容		
三、业务协同运行	（二十七）计量管理	40	（1）登陆SG186系统，查询计算智能电能表覆盖率，智能电表覆盖率≥99%不扣分。覆盖率×100×10×1，智能电表覆盖率为（　）%，扣分=（99－智能电表覆盖率×100×10×1，智能电表覆盖率为（　）%，扣分=（99－智能电表覆盖率×100×10×1，自动抄表核算率≥98%不扣分。 （2）登陆SG186系统，查询计算自动抄表核算率，查询计算自动抄表核算率≥98%不扣分。率×100×10×1，自动抄表核算率为（　）%，扣分=（98－自动抄表核算率×100×10×1，采集成功率≥98.5%不扣分（引用必备条件日均采集成功率，降低不足率×100×10×1，采集成功率为（　）%，扣分=（98.5－采集成功0.1%不扣分）。每项最多扣5分。 （4）是□否□按季度开展计量装置巡视工作，未开展扣10分。 （5）发现故障、缺陷未填写电能计量装置缺陷记录，也未执行照相取证管理的，每次扣2分，最多扣10分。 （6）是□否□存在未按照"四不放过"的原则开展故障调查处理工作，存在扣10分。 （7）发现（　）次故障现象或录入或录入人员不准确，每次扣5分。 （8）计量封印定□否□指定专人管理的，未专人管理扣2分。 （9）未填写封印领用记录的（　）次的，每次扣2分，最多扣10分。 （10）现场检查，"三封一锁"不全的，每处扣2分，最多扣20分。 （11）Ⅲ类及以上计量装置电子封印转柜率为（　）%，低于90%，每降低5%加扣5分。不涉及Ⅲ类及以上计量装置的供电所，该项不评价。 （12）是□否□有智能计量周转柜，未配置扣10分。 （13）是□否□有计量周转箱，未配置扣10分。 （14）登陆SG186系统，库存电能表□否□存在库存大于6个月现象，存在扣15分。		

74

续表

管理类别	管理项目	分值	现场考评指导书	扣分	得分
三、业务协同运行	（二十八）线损管理	50	(1) 是□ 否□ 制定月度降损计划，应体现管理降损或技术降损内容，未制定扣3分。 (2) 是□ 否□ 根据上级主管部门下发的年度线损率指标责任分解表，未制定扣5分。 (3) 线损率指标是□ 否□ 实行双指标（考核指标、激励指标）管理，未实行扣5分。 (4) 截至检查上月，0.4kV累计线损＝（ ）%，中西部地区供电所0.4kV线损率≤7%，低于指标值不扣分，高于指标值扣分＝2×（0.4kV累计线损率-指标值）/0.1%＝（ ）。 (5) 是□ 否□ 发现考核指标相同，以包代管或全考全罚等情况，发现扣20分。 (6) 截至检查上月，10kV累计综合线损＝（ ）%＝（ ）%一指标下达值（ ），一指标下达指标值不扣分，低于下达值]/0.1%＝（ ）。 (7) 是□ 否□ 将线损指标纳入供电所绩效考核，未纳入扣10分。 (8) 台区同期线损合格率为（ ）%，未达到90%，每少1%扣1分，最多扣10分。 (9) 台区同期线损在线监测率为（ ）%，未达到90%，每少1%扣1分，最多扣10分。 (10) 同期线损自动监测为（ ）%，未达到95%，每少1%扣1分，最多扣10分。 (11) 台区同期线损配置率为（ ）%，未达到99%，每少1%扣1分，最多扣10分。 (12) 是□ 否□ 有线损、同期线损分析内容，没有扣5分。 (13) （ ）条（台）高损、负损等异常线路及台区未提出有效降损措施并落实到位，每条（台）扣2分，最多扣20分。 (14) 现场抽选一名营销班组人员，登陆系统，10kV线损相关内容不评价不会应用扣5分。 说明：供电所无10kV业务的，10kV线损相关内容不评价		

75

续表

管理类别	管理项目	分值	现场考评指导书	扣分	得分
三、业务协同运行	(二十九)营业普查管理	20	(1) 是□ 否□ 按照上级单位年度计划或所内营销工作实际制定营业普查工作计划,未制定扣 20 分。 (2) 未按计划开展工作( )次,每次扣 2 分,最多扣 10 分。 (3) 登陆 SG186 系统抽查( )户客户资料、计量定比、光力定比、电价执行,现场检查是□ 否□ 发现窃电、检查核对、违约用电行为,发现工单、违约用电处理工单,每户扣 10 分。 (4) 现场检查是□ 否□ 发现系统发现系统客户档案信息(用电性质、电价执行、光力定比、计量信息)与实际不符( )户,每户扣 10 分。 (5) 登陆 SG186 系统核对、检查窃电、违约用电工单,发现( )起未及时录入系统,每起扣 10 分。 (6) 是□ 否□ 能证明常态开展反窃电工作,不能扣 20 分。		
四、人员多专能	(三十)岗位管理	30	(1) 随机抽查内勤、外勤类班组班员各 1 人,不熟知本岗位专业职责的( )人,每人扣 3 分。 (2) 随机抽查内勤、外勤类班组各 1 人,要求其操作使用专业系统 (PMS 系统、营销 SG186、用电信息采集系统和乡镇供电所综合业务监控平台等),实现指定功能、操作不熟练的( )人,每人扣 10 分。		
	(三十一)人员考勤管理	20	(1) 是□ 否□ 按照上级要求落实请假销假制度,未落实扣 10 分。 (2) 现场检查或省国网、省、市公司明察暗访通报,发现饮酒、赌博、玩游戏等工作无关事项的( )人,每人次扣 10 分		
	(三十二)绩效考核管理	30	(1) 县供电企业是□ 否□ 与供电所签订绩效合约(或责任书),供电所是□ 否□ 与员工签订绩效合约(或责任书),未签订扣 30 分。 (2) ( )个月度考核记录体现不出差异性,每次扣 2 分,最多扣 10 分		

续表

管理类别	管理项目	分值	现场考评指导书	扣分	得分
四、人员一专多能	(三十三)培训计划管理	40	(1) 供电所上级单位是□/否□有集中培训设施和场地，供电所是□/否□有室内培训场地，是□、无室外，外培训场地的，扣2分，无室内培训设施和场地且只有室内培训场地的，扣2分，无室外培训场地的，无集中培训设施和场地的供电所或室外培训场地的，扣5分；外培训场地且无上级单位组织的供电所或单位组织的集中培训的，无上级单位组织的集中培训的，扣15分。 (2) 培训设施是□/否□符合国家电网典型设计要求，培训设备、表计是□/否□存在已淘汰设备，不能满足培训要求，或仅用于展示，利用率低的，扣5分。 (3) 是□/否□编制供电所年度培训计划，培训内容是□/否□涵盖新型业务，未编制培训计划，扣10分；培训内容未涵盖新型业务，扣5分。 (4) 培训记录有（　）次，每缺少一次扣5分。 (5) 供电所技能鉴定取证率=供电所取得技能鉴定证书的人数/供电所员工两年内不计（　）%，低于100%的，每降低1%，扣1分。新入职员工两年内不计。 (6) 是□/否□制定年度安全教育培训计划，回答错误，每次扣5分。 (7) 未按计划每月组织安全教育培训（　）次，每次扣5分。 (8) 抽查外勤班2人，口述心肺复苏法，每人扣1分。 (9) 供电所（　）人未建立个人安全培训档案或培训内容不全，每人扣2分。 (10) 是□/否□按期组织参加上级组织或组织的应急培训，未组织参加上级组织或组织的应急培训，不符合扣2分。 (11) 应急培训和宣传内容是□/否□符合要求，不符合扣5分。 (12) 是□/否□每半年组织参加上级组织或组织的专项应急演练，未定期组织或未参加扣5分。 (13) 演练内容是□/否□符合方案要求，不符合扣2分。		

77

续表

管理类别	管理项目	分值	现场考评指导书	扣分	得分
四、人员一专多能	(三十四)派工单管理	20	(1) 派工单使用超范围( )份,每份扣2分。 (2) 派工单所填安全措施不正确完备( )份,每份扣2分。 (3) 存在特殊情况的,抢(报)修记录无对应录音记录,补录的派工单( )份,按无票工作考核,每份扣10分。 (4) 未按月对已执行派工单进行汇总、评价和分析( )次,每次扣2分。 (5) 遗失派工单( )份,每份扣2分		
	(三十五)设备日常监测管理	10	(1) 检查配电线路交跨台账、配电线路及设备对地、对建筑物等安全距离不满足规定( )处,每处扣2分。 (2) 功率因数低于0.95的10kV线路( )条,每条扣1分。不负责10kV业务不考核该项。 (3) 功率因数低于0.90的配电变压器( )台,每台扣1分。 (4) 是□否□开展三相负荷测试并形成相关记录( ),未开展扣5分。 (5) 线路三相不平衡合格率占比( )%,占比低于85%,每低1%扣1分		
	(三十六)台区经理制管理	30	(1) 台区经理覆盖率( )%,不到100%的,每降低1%,扣2分,最多扣10分。 (2) 是□否□建立台区经理基础台账,未建立不合格。 (3) ( )人《电力安全工作规程》考试不合格,每人扣5分。 (4) ( )人未取得配电营业工技能鉴定证书,或仅通过配电类(营销类)单项技能鉴定,未执行"1+1"台区配置台区经理,每人扣5分。 (5) 是□否□设置台区经理地理位置网格图,未设置扣10分。 (6) 网格分布是□否□合理,就近形成互助组,不合理或不互助扣5分。 (7) 是□否□细化台区指标,未细化扣5分。 (8) 台区指标是□否□与绩效挂钩,未挂钩扣5分		

续表

管理类别	管理项目	分值	现场考评指导书	扣分	得分
四、人员一专多能	(三十七) 综合柜员制多能管理	20	(1) 营业厅是□否□实行综合柜员制，未实行扣5分。 (2) 抽查（ ）名营业厅人员不具备办理、查询、缴费等综合类业务办理能力，每人扣1分。		
	(三十八) 抢修值班管理	20	(1) 供电所所值班室配置办公桌椅□、床铺□、电脑或所内监控□、录音电话□、抢修工器具柜□。每缺一项扣5分。 (2) 辖区大且在偏远地方设置供电服务站的值班室内应配置抢修工器具备品备件、工器具的条件，不具备每缺一项扣5分。 (3) 值班人员是□否□熟悉值班流程，不熟悉扣3分。 (4) 日常工器具备钥匙等是□否□具备随时领取备品备件、工器具的条件，不具备扣3分。 (5) 值班记录与实际工作是□否□相符，不相符扣5分。 (6) 值班记录（ ）处不及时、不完整，每处扣2分。 (7) 值班是□否□规范，不规范扣5分。 (8) 值班室是□否□满足值班人员及时查阅辖区10kV、0.4kV电网，配电台区线路图和各种设备情况，不满足扣5分。 (9) 值班是□否□能够登陆营销SG186系统、PMS系统查询相关设备参数及数据，如发现此项工作无关活动，每处扣10分。 说明：供电所所无10kV业务的，10kV相关内容不评价		
五、服务一次到位	(三十九) 业扩报装管理	40	(1) 是□否□发生未严格执行首问负责制，一次性告知或告知不到位造成用户多次往返的，发生一次扣10分。 (2) 告知书是□否□符合最新业务办理要求，不符合扣10分。 (3) 随机抽查近期客户报装办结档案5户，核对SG186系统，存在超短、超期工单（ ）户，每户扣3分，最多扣15分。 (4) 报装资料是□否□使用最新模板（省公司提供最新模板），未使用扣5户，非居民5户，非居民3户。 (5) 从SG186系统随机抽查本年度办结客户档案8户，其中居民5户，非居民3户：		

79

续表

管理类别	管理项目	分值	现场考评指导书	扣分	得分
	(三十九)业扩管理	40	1)检查其是□否□有对应档案,无档案扣10分。 2)依据《国家电网公司电力客户档案管理规定》附件内容,按照客户分类、年度内办结业扩报装资料(不含供用电合同)5户,其中不完整( )户,每户扣2分,最多扣10分。 3)随机抽查本年度办结客户档案5户,其中档案资料与用户实际信息不一致( )户,每户扣2分,最多扣10分。 4)是□否□按档案资料分类、是□否□按顺序存放、未分类、未按顺序存放扣5分。对于业扩档案上交日各单位档案室的,抽查业扩管理系统。 (5)登陆SG186系统随机抽查本年度5户居民、3户非居民用户: (6)缺少供电合同或合同签订( )户,每户扣3分,盖章不实、不真实、最多扣15分。 (1)合同编号不正确等的( )户,每户扣3分。 (2)超签订期限( )户,每户扣2分。		
五、服务一次到位	(四十)电费电价管理	30	(1)按照用电类别、抽查10户客户档案,登陆SG186系统核对、同时到现场进行检查用户用电情况、检查现场用电性质与系统是否相符、电价执行错误( )户,每户扣2分;用电性质与系统不符( )户,每户扣10分。 (2)搭车收费、白条收费( )户,每户扣3分。 (3)营业厅电价是□否□公示、未公示扣5分。 (4)是□否□及时更新、未更新扣3分。		
	(四十一)营业厅日常管理	30	(1)对应相应营业厅级别、( )项设施不齐全、每项扣3分。 (2)是□否□设置新型业务体验区、有客户需求未设置体验区的扣5分。 (3)标识标牌( )项缺失或不符合《国家电网公司品牌推广应用手册》要求、每项扣2分。 (4)现场检查发现营业厅人员违反仪表仪态规定或服务行为( )人次、每人次扣2分。		

第一篇 星级"全能型"乡镇供电所建设评价标准

续表

管理类别	管理项目	分值	现场考评指导书	扣分	得分
五、服务一次到位	(四十一)营业厅日常管理	30	(5)查询上级明察暗访通报,营业厅人员被通报存在违反仪表仪态规定或服务行为( )人次,每人次扣2分。 (6)询问执行"首问负责制"、业务办理遵循"限时办结制"、"一次性告知制"的原则,下班时如仍有正在处理中的业务如何办理等问题,回答错误共( )人次,每人次扣2分。 (7)检查上级明察暗访通报,通报违反业务办理规定的( )件,每件扣2分。 (8)宣传资料摆放不整齐( )处,每处扣2分。 (9)是□否□有自助终端设备,无终端扣5分。 (10)自助终端设备无人管理□,每发生一项扣2分。记录或使用记录不完整□,每发生一项扣2分。 (11)便民服务设施不可用( )处,每处扣2分。 (12)营业厅是□否□有客户意见簿或意见箱,未设置扣5分;客户意见是□否□及时处理和答复,未及时答复,每起扣1分。		
	(四十二)投诉管理	30	(1)登陆SG186营销系统检查95598投诉,查询本年度截至检查日属实投诉和行风类举报数量。投诉举报万户比例=投诉举报件数/(总户数/10000)=( )/( )/10000)=( )。 1)比例小于1,等于1(即每万户发生1次投诉),不扣分。 2)比例大于1,扣分=(万户投诉比例-1)×5,最多扣20分。 (2)本年度发生计量装置申装错户和接错线的客户接到投诉( )次,每次扣5分。 (3)本年度发生计量装置申装置申校超时或超限造成的客户投诉( )次,每次扣5分。 (4)本年度发生抢修接入超时限( )次,每次扣2分。 (5)本年度发生电压质量实投诉( )次,每次扣2分。 (6)本年度发生营业服务类投诉( )次,每次发生抢修服务态度属实投诉( )次,每次扣5分。		

81

续表

管理类别	管理项目	分值	现场考评指导书	扣分	得分
五、服务一次到位	（四十三）"互联网+"营销运维及新型业务	50	(1) 是□否□开展"互联网+"营销业务线上受理，未开展的扣10分。 (2) 现场抽查2名综合柜员，2名台区经理咨询"掌上电力""电e宝"等APP使用情况，不能熟练使用的有（　）人，是□否□按照年度推广进度要求使用营销移动业务办理，每人扣5分，最多扣10分。 (3) 具备应用条件的供电所，是□否□按照年度推广进度要求使用营销移动业务开展相关工作，未按要求开展扣5分。 (4) 利用移动作业终端现场办理业务要求是（年度要求是）%—实际占比（　）%，低于年度要求的，扣分=(年度要求-实际占比)%／5%，取整。省公司未推广应用的暂不评价。 (5) 是□否□使用PMS移动作业终端开展日常巡视、维护、检修作业，未使用扣5分。 (6) 是□否□使用配网故障抢修APP，未使用扣5分。 (7) 查询PMS抢修模块，配электаAPP移动接单率（　）%，大于95%不扣分，低于95%，扣分=[配抢APP移动接单率（　）—95%]／5%，取整。省公司未推广应用的暂不评价。 (8) 现场抽查2名综合柜员咨询电动汽车充电设施建设与服务相关政策信息和业务办理知识，不熟悉的有（　）人，每人扣5分，最多扣10分。 (9) 现场抽查2名综合柜员咨询低压分布式电源并网相关政策信息和业务办理知识，不熟悉的有（　）人，每人扣5分；在供电所受理的低压分布式电源并网业务流程有户不规范、每户扣2分，最多扣10分。 (10) 现场抽查1名综合柜员咨询是□否□熟悉电能替代工作规则，不熟悉扣5分。 (11) 是□否□开展电能替代宣传推广活动，未开展扣5分。		

注 1. 考评规范中执行单项扣分累加，但最高扣分值不超过管理项目的规范值。
2. 考核数据核查如有信息系统依据的，应全部在信息系统中提取与核查。

三、加分项

加分项	分值	现场考评指导书	得分
1. 先进集体加分	10	近两年内： (1) 国家级先进集体（　）个，每个加 10 分。 (2) 省部级或国家电网公司级先进集体（　）个，每个加 5 分。 (3) 地市级或省公司级先进集体（　）个，每个加 2 分。 最多加分不超过 10 分	
2. 先进个人加分	10	近两年内： (1) 获得国家级先进（　）个，每个加 10 分。 (2) 获得省部级或国家电网有限公司级先进（　）个，每个加 5 分。 (3) 地市级或省公司级先进（　）个，每个加 2 分。 本项最多加分不超过 10 分	
3. 全年无属实投诉供电所	10	截至检查日，本年度办结投诉工单是□否□有属实投诉，无属实投诉加 10 分。申诉成功投诉，视为非属实投诉	

83

续表

加分项	分值	现场考评指导书	得分
4. 形成星级"全能型"乡镇供电所建设典型经验并得到推广应用	10	近两年内： (1) 由国家电网有限公司认定并推广应用的典型经验（ ）个，每个加10分。 (2) 由省公司认定并推广应用的典型经验（ ）个，每个加5分。 (3) 由市公司认定并推广应用的典型经验（ ）个，每个加2分。 最多加分不超过10分	
5. 表彰奖励	10	近两年内： (1) 国家级文件和专利（ ）个，每个加10分。 (2) 省部级或国家电网有限公司级文件（ ）个，每个加5分。 (3) 地市级或省公司级文件（ ）个，每个加2分。 截至检查日，本年度实施电能替代项目（ ）个，每个加0.2分。 最多加分不超过10分	
合计			

84

第二篇 "全能型"乡镇供电所业务指导

第一章　计量资产与采集运维

第一节　编　制　目　的

为指导供电所台区同期线损治理工作有序开展，确保完成公司下达的工作任务和目标，依托用电信息采集系统提高台区同期线损分析和治理效率，不断提高台区线损率合格率，减少电量损失，编写台区同期线损治理业务指导手册。

第二节　工　作　目　标

依托用电信息采集系统的在线监测和线损统计分析功能，及时发现营销管理中出现的采集失败、计量异常、档案错误、营配关系错误、丢户漏户和窃电等问题，并迅速处理，不断提高营销精益化管理水平，有效降低线损率，提升企业经营效益。

第三节　业　务　范　围

供电所辖区内计量资产管理、计量装置及采集装置的现场安装与更换、现场采集运行与维护、系统日常监控与核查、工单处理与反馈等计量相关工作。

第四节　工　作　内　容

一、计量资产管理

(1) 供电所计量资产管理应严格按资产全寿命管理流程做好

电能表、互感器、采集终端、低压计量箱、采集模块、计量专用锁及封印资产管理工作，包括计量资产订单式直配送需求管理、表计周转柜出入库、旧表拆回分拣、旧表返配送管理、计量设备现场安装、计量现场服务终端应用、库存盘点等工作，按月度核对计量资产信息，保证出入库台账、营销系统、现场运行与实物一一对应。

（2）供电所资产领用月初通过省公司计量器具配送智能管控平台提交表计需求，由地市公司计量中心按周转柜库存预警信息生成配送任务，交第三方配送物流公司，配送环节必须具备相应的防震、防雨、防外力破坏的措施，在对计量器具装卸时要轻拿轻放，不得违章操作，以保证电能计量器具准确性能完好，供电所按流程接收完成周转柜入库。月末及时进行旧表分拣，拆回计量设备应在库至少整齐存放两个抄表周期或电费结算周期，定期返配送到县公司，表计丢失按计量资产赔表流程执行。

（3）供电所资产管理人员在接收或发放计量资产过程中必须严格履行出入库手续，库房管理人员应严格按照表计需求申请计划，对计量器具进行发放，不得随意发放，填写一式两份的出入库台账，对换装、拆除、抽检、故障等拆回的电能表做好底码示数核对，旧表表底拍照上传拆旧电能表表底拍照管理信息平台，实现与营销系统的数据匹配，保存含有资产编号和电量底码的数码档案，并及时异地备份，完成入库操作数据维护。

（4）供电所资产管理人员凭工单对各类成品电能计量器具配置出库，同时在计量生产调度平台或营销系统做好模块状态维护，确保系统数据、台账与实物状态相一致。

（5）供电所资产管理人员每月要对计量器具库房进行一次盘点。库房盘点至少安排两人同时参与，需指定盘点人和监盘人。盘点人在盘点前应检查当月的各类库存作业数据是否全部入账。

对特殊原因无法登记完毕时，应将尚未入账的有关单据统一整理，编制结存调整表，将账面数调整为正确的账面结存数。被盘点库房管理人员应准备"盘点单"，做好库房的整理工作。盘点结束后，供电所资产管理人员编制盘点报告，并将盘点结果录入相关信息系统，同时上报区县级计量部门。

（6）库房内要张贴"计量十要，十不要"、"周转柜使用流程图"等相关规范，库房内不得存放电能计量器具以外的任何物品，要有温湿度计，严禁无关人员入内。库房管理人员工作时间应坚守岗位，上班开启计算机处于备用状态，下班前整理好卫生，设备摆放整齐，关闭门窗，停电防火，保证库房安全。

（7）电能计量器具满足下列条件之一时应淘汰报废：现有技术条件下不能修复到原有准确度等级的或修复后不能保证基本轮换周期的；绝缘水平不符合现行相应国家技术标准要求的和上级明文规定不准使用的淘汰产品；性能上不能满足当前管理要求的产品；已到轮换周期经抽检不合格数量超过标准规定的比例的。淘汰报废程序：资产管理人员编制电能计量器具报废与淘汰明细表，计量中心同意后上报主管部门，由主管部门会同有关部门决定是否报废和淘汰。已报废的电能表、互感器应集中存放在报废表库中，统一进行集中销毁，并及时在资产档案中销账（注明报废日期），严禁重新流入市场。

二、计量装置运行管理

（1）供电所装拆换表人员严格执行国家电网有限公司计量标准化作业指导手册 Q/GDW/ZY 1017—2013《直接接入式电能计量装置装拆标准化作业指导》、Q/GDW/ZY 1020—2013《集中抄表终端（集中器、采集器）装拆标准化作业指导手册》、Q/GDW/ZY 1023—2013《直接接入式电能计量装置故障处理标准化作业指导手册》、Q/GDW/ZY 1026—2013《集中抄表终端（集中器、采集器）故障处理标准化作业指导手册》。装表人员按营销系统装表工单领表出库、现场安装、加封、表底拍照、系统装表、归档流程执行，做到实物与系统一致。

（2）供电所计量装置现场安装应加强安全管控。加强安全工器具配置和现场校验设备、现场服务终端管理，定期检查、及时更换失效的安全工器具。加强施工人员的安全培训和施工现场的安全监督与管理，杜绝各类人身和设备事故。

（3）供电所应加强装表现场质量管理。严格落实《国家电网公司计量现场施工质量工艺规范》，确保"表计换装公告、用户旧表底度确认"到户；杜绝装表串户的现象发生，安装工艺应符合标准，坚决杜绝安全隐患，便于日常维护；表计应垂直安装，牢固可靠；计量装置各部位应按要求加封完备，加封信息应及时登记并录入封印管理信息系统。

（4）供电所应加强台区计量档案核查管理。严格按照现场站、线、变、户对应关系一一对应的工作标准执行，计量人员要协同开展台区、终端、户表等档案核对工作，为台区线损提供可靠基础数据。

（5）供电所应加强计量服务质量管理。用户对表计准确度有疑问要求申校应及时答复，首先由计量人员用单相现场校验仪完成现场检验，检验数据用户认可后，无需拆回实验室检定，如果用户不认可，可按临时检定流程申请到技术监督局复检，做好电能表装拆换配套业务、客户咨询业务，为客户提供优质服务。

三、采集运维管理

（1）供电所采集运维人员主要负责所辖区域内采集系统的运行维护工作。负责辖区内采集系统的运行、监控、业务工单闭环管理、上级业务工单的执行与反馈、故障分析和处理；负责现场设备的管理、升级改造；负责"多表合一"采集运行维护。

（2）供电所采集运维工作应加强对采集运维智能管控平台的应用和采集运维手持终端的应用，采集运维人员负责对专变采集终端、低压集中抄表终端（集中器）、二次回路状态巡检仪、通信接口转换器、通信模块、电能表、低压互感器及二次回路、计量箱（含开关）、通信卡、本地通信信道等现场相关设备的日常运维，现场设备巡视和异常处理，不能处理问题及时上报运维管控平台，计量中心安排相关人员提供远程技术支撑或现场技术指导，提升运维服务质量。

（3）现场设备的常规巡视应结合用电检查、周期性核抄、现场检验、采集运维等工作同步开展；专变采集终端、集中抄表终端（集中器）、二次回路状态巡检仪、高压及台区考核电能表巡视周期不超过 6 个月；通信接口转换器、通信模块、低压电能表、低压互感器、计量箱巡视周期不超过 12 个月；在有序用电期间，或气候剧烈变化（如雷雨、大风、暴雪）后采集终端出现大面积离线或其他异常时，开展特别巡视。

（4）现场设备故障（或隐患）处理应根据故障影响的用户类型、数量、距离远近及抄表结算日等因素，综合安排现场工作计划。站所采集运维人员应以采集运维闭环系统生成的工单及时进行故障处理，站所运维人员接到工单后派工给责任台区经理，台区经理应于 1 个工作日内到达现场，2 个工作日内向供电所专业负责人员反馈结果。供电所专业负责人对现场采集终端存在问题进行分析，对采集终端不在线、不抄表、抄表不稳定或采集设备时钟错误等问题进行处理，保证采集终端正常工作。对于高压及台区考核电能表采集失败，供电所专业负责人接到工单后派工给责任台区经理，台区经理应于 1 个工作日内到达现场，2 个工作日内向供电所专业负责人员反馈结果。供电所专业负责人核对设备信息，对设备供电状态、运行状态、接线、通信模块等问题进行检查，发现问题及时进行维护或更换。对于低压电能表采集失败，供电所专业负责人接到工单后派工给责任台区经理，台区经理应于2个工作日内到达现场，3个工作日内向供电所专业负责人员反馈结果。供电所专业负责人核对设备信息，对设备供电状态、运行状态、接线、通信模块等问题进行检查，发现问题及时进行维护或更换。如果以上问题现场解决难度大，务必于工作期限内提交问题平台，由计量主管部门提供技术支撑协助处理。

四、系统日常监控

供电所应依托采集系统及采集运维闭环系统，开展计量在线监测、采集及计量异常分析、监控、派工、处理、评价的全过程闭环管理，提高运维工作效率与质量，不断优化、提升站所计量智能化管理程度。

五、工单处理反馈

（1）供电所应指定专人负责监督各类工单的处理与反馈进度。应严格按照工单要求进行系统核对与现场核查工作，分析处理结果应实事求是，要注意时间节点，保质保量的完成各类工单的处理反馈。

（2）供电所要定期整理现场工单反馈结果，要善于总结和归纳，同一类问题坚决不允许反复出现，供电所之间要加强技术交流，实现经验共享。

第五节　采集成功率提升措施

（1）以计量在线监测及运维闭环监控为主线，按照先主站后现场的排查原则开展工作，提高人员采集运维工作效率。

（2）加强对专变用户及低压台区考核表的采集监控，重点治理连续多天采集失败的用户，尤其是线损率不达标的台区或线路。

（3）合理利用先进的技术手段，如台区识别仪、计量差错分析仪等甄别台区户变关系一致性与装表接电正确性，利用中压载波技术、载波转 GPRS 技术、北斗通信技术等提高上行通信质量。

（4）新装小区必须认真进行前期的现场勘查工作，针对实际环境选择最佳采集方式，为实现全采集打好基础。

（5）要严把验收关，不符合采集标准的台区必须整改，确保验收送电的台区完全具备采集条件，从而提高采集成功率。

第六节 风险防控说明

（1）供电所应定期开展计量培训，强化计量人员的安全意识，严格执行《电力安全工作规程》有关规定，按规定配置和使用安全工器具，全面推行计量作业标准化，有效防范生产和服务安全风险，确保作业安全万无一失。

（2）供电所在计量装置安装过程中，应严格执行公司工作流程、施工标准和服务要求，有效防范现场作业风险，确保现场作业质量和安全，不断提升计量优质服务水平和客户满意度。

（3）供电所要时刻加强对运行电能表和采集终端等设备的质量监督，防范因批量质量问题和管理不到位带来的负面舆情风险。

第七节 工作流程

（1）采集及计量设备巡视管理流程如图 2-1-1 所示。
（2）采集及计量设备消缺管理流程如图 2-1-2 所示。

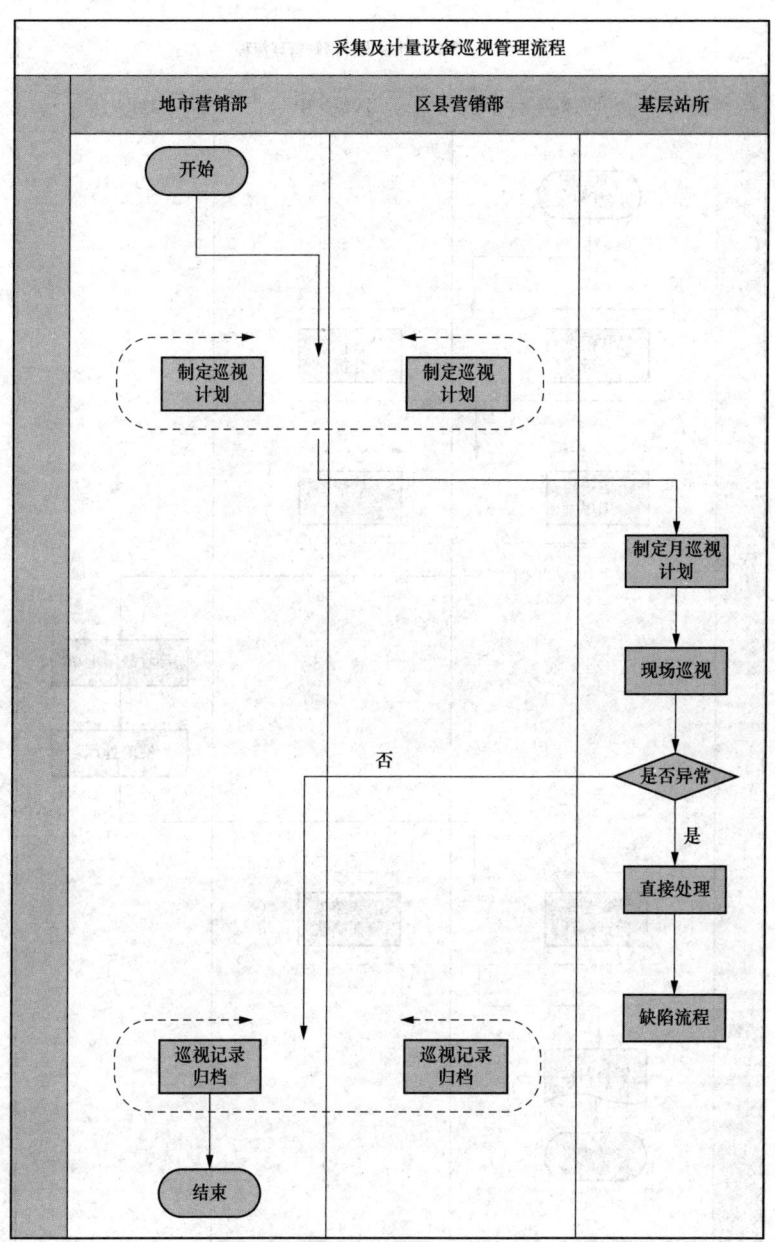

图 2-1-1 采集及计量设备巡视管理流程

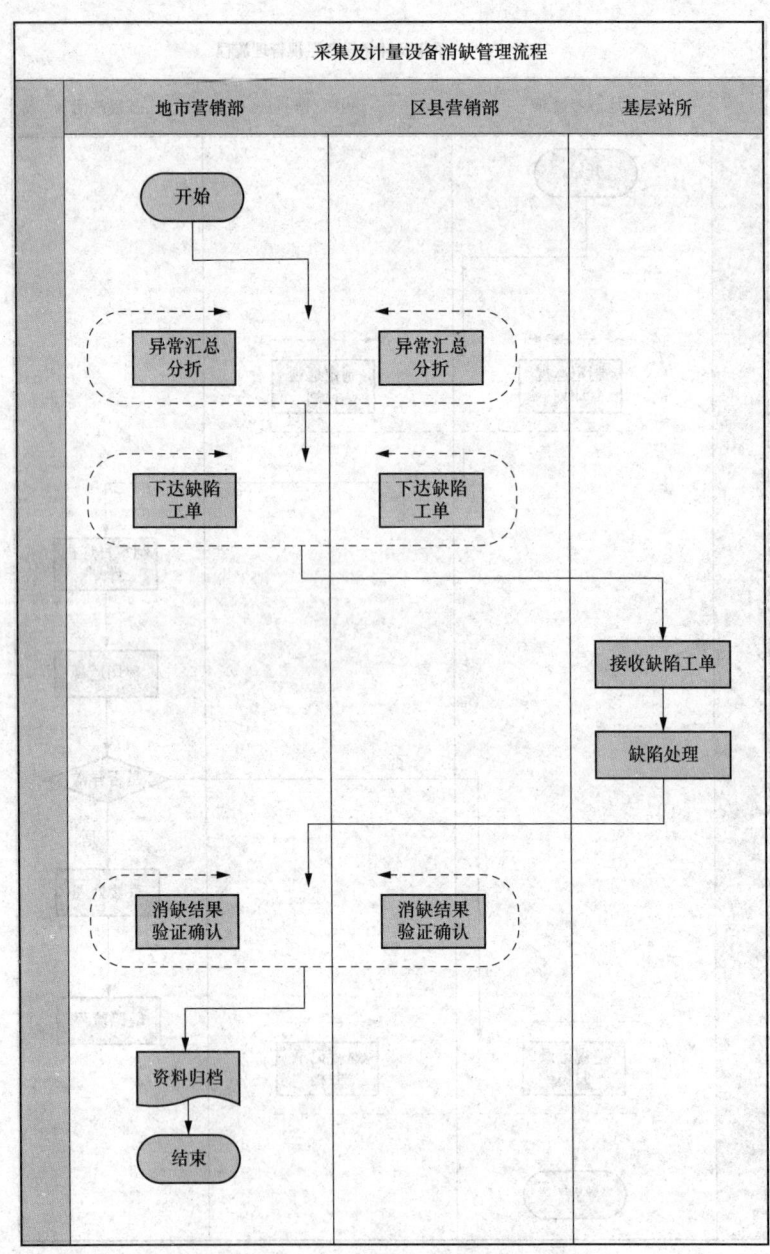

图 2-1-2 采集及计量设备消缺管理流程

第八节 典型案例分析

【例 2-1-1】 业扩装表人员以无表为借口引发的计量类投诉。

【案例总体描述】 客户反映×月×号在××供电营业厅办理居民新装业务，材料齐全，已经确定办理成功，可至今无人上门处理，已超过规定时间，当时工作人员让客户等 3 天，3 天后客户再次联系时告知没有电表，让客户等待，延误客户装修用电。

【关键词】 业扩报装装表接电

【事件经过】 ×月×日×时，检查组到达客户××用户家中。××用户在×月×日到营业厅办理居民新装业务，资料携带齐全，营业厅也接收了其资料，并告知会有低压经理查勘。×月×日查勘人员上门查勘发现客户的进户电源线并未拉通（该小区已送电多时），遂要客户自行与物业协调增设进线电源，再给客户安装表计，同时并未对装表事宜进行明确书面答复并告知客户后续工作流程。3 天后，客户再次致电项目经理，项目经理推说近期此种表计安装量较大，供电公司表库暂时没有该类型的表计，受理人员告知客户正在申请表计，等有表后会及时联系客户进行装表接电，目前只能耐心等待。由于客户急于装修用电，于×月×日拨打 95598 投诉。客户投诉后，×月×日，当地供电公司主动上门协调物业加装进户线并于当日装表送电。

【事件暴露主要问题】 业扩装表人员业务素质差。

【防范措施及有关要求】 ①规范业扩报装流程，供电所业扩受理人员至少提前 30 天将报装用户信息提交计量管理人员，计量人员及时向县公司提交表计需求，县公司结合库存情况及时向市公司提交表计需求，市公司结合库存向省公司计量中心提交用表需求，建立所、县、市、省四级有效管控体系解决表计类型匹配问题，满足业扩报装业务需求用表；②加强小区批量新装或业扩新装业务验收管理，计量人员严格按规定组织验收，重点进行户线核对，计量箱体设计完整性、安装规范性，填写验收合格清单，存档备案，验收合格并具备装表条件，业扩发起装表流程。计量人员按业扩推送流程及时安排装表业务，但不得先装表后走流程，也不能先流程归档后装表，严格按系统规范流程执行。严禁拖延装表送电，将人员户表接收、业扩管理的主观责任推给缺表等客观问题，避重就轻。

【例2-1-2】 业扩人员业务不严谨，引起计量资产管理混乱问题。

【案例总体描述】 客户反映×月×号在××供电营业厅办理居民新装业务，用户手续齐全，当地供电单位营业窗口受理后也不予办理装表接电手续，原因是开发商一定时期对近期签订购房合同的业主统一办理用电申请手续，当地供电单位再发起流程安装电能表送电。所以，尽管××用户手续齐全，当地供电单位营业窗口受理后也不予办理装表接电手续，让客户等待，可仍无人联系办理，已超过规定时限。

【关键词】 业扩流程、计量资产。

【事件经过】 暗访明察检查组现场走访××小区用户，向×月×日投诉的×××用户了解业扩新装不受理的情况（投诉工单号：××）。该小区为承××家属楼，×年×月竣工，公变均已安装，但小区内多数用户的一户一表用电并未配置到位、表计也没有安装。当地供电单位和开发商对该小区安装户表的方式是：开发商一定时期对近期签订购房合同的业主统一办理用电申请手续，当地供电单位再发起流程安装电能表送电。所以，尽管××用户手续齐全，当地供电单位营业窗口受理后也不予办理装表接电手续。××用户投诉后，当地供电单位加快了装表送电流程。检查组现场看见当地供电部门堆放在小区物业办公室一批新装电能表，共计××块单相电能表。据小区物业说明，该批电能表是开发商当天上午从供电部门取出放到此处准备用于安装，再由供电部门验收送电。检查组现场抽取上述随意堆放的表计中的一块，经系统验证该户已经完成营销系统流程。暗访人员在营业厅自助缴费终端对该户进行查询并缴费，进一步验证该户已经归档。

【事件暴露主要问题】 计量管理不规范。

【防范措施及有关要求】 ①加强计量资产全过程管理，实现系统、实物、现场一致，计量人员按工单配表出入库，装表流程要规范，表计轮换要符合业务实际，选择不同换表流程；②加强对业扩小区批量新装或业扩新装业务的审核管控，无业扩传递流程到配表业务，不能将资产出库，现场不装完不能归档。故障轮换由业扩人员发起流程，不能按计量轮换流程执行，计量人员加强信息规范化录入，严格按系统规范流程执行；③表计的领用、出库、安装等环节由装表人员按规范流程执行，表计出库后，未安装现场前，必须按要求保管好表计，规避表计丢失、损坏、档案错误等情况发生；④加强计量箱的管控，供电所人员保管好表箱钥匙，不得委托人员代管，表箱内表计安装完成及时加封，不能以未调试为理由滞后加封。

【例 2-1-3】 现场安装人员工作不细心导致采集质量下降。

【案例总体描述】 某单位新报装送电专变用户较多，现场安装人员工作量较大，忙的热火朝天，采集接入率明显提高但是采集成功率却出现下滑。

【关键词】 工作量大、接入率、成功率。

【事件经过】 某单位由于近期新装用户送电较多，计量班里的人员都分派到现场工作了，两天后，采集系统接入率明显上升，但整体成功率却出现下降，事有蹊跷，班长组织所有成员一起讨论分析，按照先主站后现场的排查原则，分别从档案、流程环节依次进行排查，核对专变终端时钟、上行通信参数、表计通信参数等均未发现异常，班长带领大家来到一处安装现场进行核查，先由安装人员自行核查并未发现异常，班长却很轻松地查到了问题所在，原来是由于安装人员忙中出错，责任心不高将 RS485 线 AB 两端接反了，导致表计数据采集失败，采集质量明显下降。

【事件暴露主要问题】 安装人员业务素质不高，责任心不强。

【防范措施及有关要求】 针对基层站所计量岗位人员加强核心业务培训，培训方式要多元化，重点加强实际操作演练，提升人员综合业务素质：①基层人员必须增强工作的责任心，要认真学习计量专业理论知识，领会业务核心内容，将工作质量放在首要位置；②站所内勤人员与外勤人员在安装调试过程中必须相互配合保持同步，通过系统与现场核查召测等方式确认采集质量是否达到要求，保证安装一户采集一户；③合理安排验收送电的进度，避免某一时段内送电用户过于集中，站所人员工作量过大，人员忙中出错，影响工作质量，还可能会引发不必要的投诉；④站所人员应指定专人负责采集系统日常监控，对新装用户的采集质量、数据质量进行连续监测，发现异常及时处理；⑤要加强采集运维闭环系统的应用，从而提高人员现场运维调试的工作效率。

第二章 台区同期线损

第一节 编制目的

台区同期线损是指通过用电信息采集系统同步抄取考核表与低压用户表电量,准确统计台区线损率。台区同期线损治理依托用电信息采集系统在线监测和分析功能,准确定位线损不合格台区存在的问题,结合现场实地检查加以治理,是提高台区线损管理水平,降低损耗,提升企业经营效益的有效途径。

第二节 工作目标

用电信息采集系统中,统计台区满足全部可计算的前提下,台区在线监测率水平高于95%。一体化电量与线损系统中,统计台区满足全部配置成功的前提下,台区线损合格率水平高于93%。常态化开展台区状态监控及健康度管理,全面消除负损台区,控制高损台区占比。

第三节 工作职责

实行台区日线损监控,及时发现并处理采集、计量异常,提高分台区的采集覆盖率、采集成功率和计量准确性;加强计量装置故障和箱表的锁、封管理,定期开展台区巡视检查;开展高损、负损及不可算台区治理,确保完成公司下达的月度、年度指标。

第四节 工作内容

一、专人负责台区日线损监控、预警

(1) 供电所专业负责人每日上午利用用电信息采集系统,监控、预警台区同期线损异常波动,并分析原因,召测抄读失败数据,及时发现采集失败、计量装置故障、计量异常和窃电、新上用户未及时覆盖采集并自动计算线损等问题。

(2) 加强高损台区的日监测和分析,准确定位高损原因,尤其将商业户和零度户列为重点监测对象,及时发现采集失败和计量异常。

(3) 每日对未及时完成的系统流程和需现场核实处理的采集、计量问题等,下发任务单督办处理,跟踪并定期通报处理结果。

台区经理现场及时处理导致台区线损高、异常波动、预警的各类督办任务。加强采集运维调试,及时处理采集失败和异常;缩短新装用户接入和采集的时间差,确保台区下智能表全覆盖,分台区采集成功率达 98% 以上,小台区抄读成功率需达 100%;及时处理计量装置故障和计量异常、窃电等问题。

二、规范台区档案管理

供电所专业负责人利用用电信息采集和 SG186 系统,分析不合格台区是否可能存在档案问题,并及时整改系统错误档案,台区经理负责现场核查。

供电所专业负责人与台区经理配合开展工作:①确保"现场—SG186 系统—用电信息采集系统—GIS 系统—PIMS2.0 系统"对应准确、一致,杜绝丢户漏户和串台区;②表计信息和互感器倍率确保"现场—SG186 系统—用电信息采集系统"一致。

三、加强计量管理

台区经理现场核实治理线损不合格台区的总表、户表的互感

器倍率和接线；杜绝新装、轮换计量装置接线错误，并同步采集调试成功，缩短装表和实现采集的时间差；及时发现、处理计量故障和计量异常，确保表计计量准确、运行正常。

供电所专业负责人与台区经理密切配合，同步完成相关各项系统流程，确保已用电户新装、换表和完成采集流程不隔夜。

四、规范分布式电源管理

（1）供电所专业负责人应及时完成分布式电源上户和采集流程，确保分布式电源档案规范，满足系统采集、台区线损计算的要求。

（2）台区经理要确保分布式电源接线正确，及时采集调试，确保采集成功率100%。分布式电源接线遵守的基本原则是：自发自用余电上网应是上网与下网合表计量（共享表），发电独立装表。共享表应反向上网，正向下网。发电表应正向发电。全额上网应正向上网，反向为逆变器用电。

（3）全额上网发电用户建档要求。消纳方式为全额上网，计量点设置方式为计量点建至公共连接点下，计量点主用途类型为上网关口，电能表示数类型为正向有功。

（4）自发自用余电上网建档要求。上网采用分布式电源流程，下网采用正常业务流程。消纳方式采取自发自用余额上网，计量点设置方式采用上网关口计量点建至公共连接点下，发电关口计量点建至并网点下。自发自用考核关口建至关联用户下。计量点主要用途类型为上网计量点勾选"上网关口"，发电计量点勾选"发电关口"。电能表示数类型为上网关口勾选"反向有功总"，发电关口勾选"正向有功总"，自发自用考核关口不装表。

五、规范计量装置锁、封管理。

供电所专业负责人要及时将发放、新上、拆除及丢失表封录入锁封系统。

台区经理要加强低压用户电能计量箱、计量表锁、封的日常运行维护管理，定期巡视检查，掌握安全隐患和破损情况，及时维修处理。

六、实行月线损例会和考核制。

供电所每月定期组织台区同期线损月度分析会，及时发现并解决存在的问题，对当月台区线损完成情况进行通报，按月兑现台区经理线损考核。

七、定期开展反窃电检查和内部稽查。

检查的主要内容包括：装表接线准确性、计量异常、表计故障和处理及时性、无表用电、有表无户、私拉乱接、用户串台、档案错误、表及箱的封锁和计量装置完好情况、各种违章用电等，及时处理内部问题。

根据内部稽查、用电检查发现的问题结合群众举报、警企联动，严厉打击窃电行为。并采取举报奖励、纳入征信、舆论宣传等措施，持续扩大工作成效，规范用电秩序。

八、按时保质完成台区同期线损管控组督办的各项治理任务。

第五节 提 升 措 施

一、不达标台区治理原则

主要采取由易到难、由表象到本质的方式，逐层治理。

（1）先治理线损为负损的和不可算的台区，后治理台区高损的台区。

（2）先治理台区考核表及互感器的异常情况，后治理该台区下所带的低压用户。

（3）先利用采集系统进行诊断分析，后安排人员到现场进行问题排查。

(4) 先治理采集覆盖和成功率的问题,后治理台区户变关系问题。

(5) 先对公变未对应的台区和无公变计量点的台区进行集中处理,优先治理线损为负的台区。

二、分析、治理流程(见图 2-2-1)

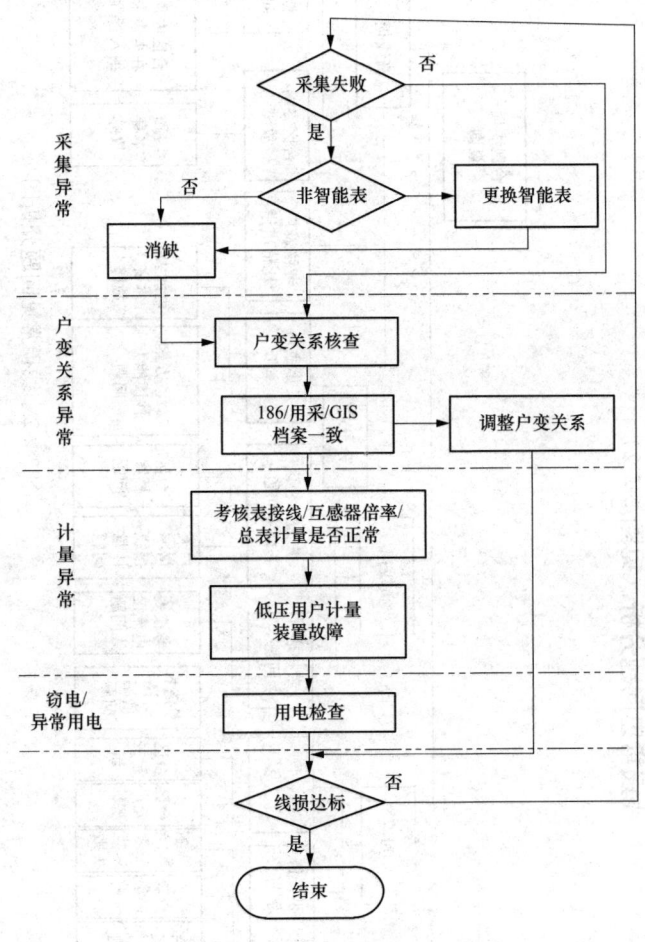

图 2-2-1 台区分析、治理流程

线损常见问题分析（见图2-2-2）

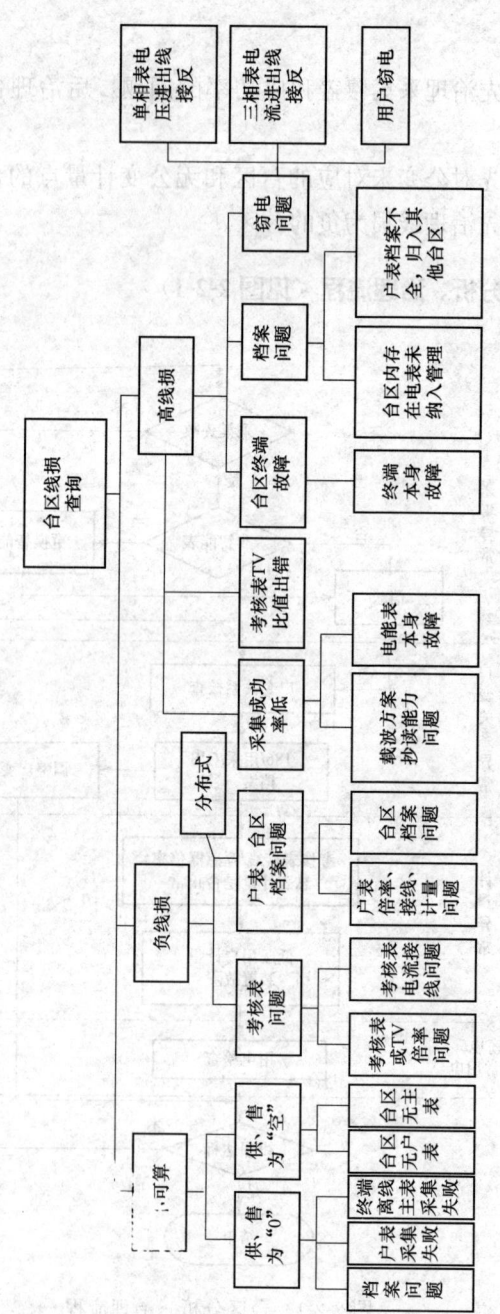

图2-2-2 线损常见问题分析图

1. 台区线损不可算常见原因

1) 台区无考核表或无户表。

2) 考核表用户档案错误。

考核表"用户分类"应为"关口考核（）"；"用电类别"应用"考核"；计量点"主用途类型"应为"台区供电考核"

3) 考核表的参数不符合规范参数，未同步到采集系统：①端口号误设为31—正常采用485抄表端口为2；②通信方式误设为载波—正常为RS 485 等。

各单位应根据实际情况，对端口号、波特率进行主站修改。

4) 终端离线。

5) 考核装置故障。

6) 台区状态为停运。

7) 台区性质为专变。

8) 考核表或户表采集失败。

2. 台区高损常见原因

1) 台区下用户覆盖率或抄读成功率低。

2) 用户或考核计量装置故障。透抄三相电流、电压、功率因数查看是否有异常，结合现场检查。

3) 户表或考核表接线错误。透抄三相电流、电压、功率因数查看是否有异常，结合现场检查。

4) 户表或考核表互感器倍率系统与现场不一致。核实"SG186—现场—用电信息采集系统"一致性并整改。

5) 用户窃电。常见形式有短接，有表无户，绕越计量装置窃电，调换单相表中性线、相线，调换三相表相线，无表用电，篡改电能表内部计量回路等。

6) 用户串台、丢户漏户、有表无户。

3. 台区负损常见原因

(1) 光伏电量未计入考核电量。

1) 分布式电源用户档案错误。全额上网用户性质为发电客户，消纳方式为"全额上网"，计量点主用途为"上网关口"。

2) 接线方式错误。按采集系统计算规则，全额上网分布式电源正向电量计入考核电量，自发自用余量上网用户反向电量计入考核电量。

3) 采集失败。

4) 分布式电源用户串台区，丢户漏户。

(2) 考核表互感器倍率错误。

(3) 考核装置接线错误。

(4) 考核装置故障：查看抄表数据是否有飞走，现场检查互感器是否有击穿等。

(5) 用户串台。

(6) 户表采集失败，采集系统修复电量过大。

第六节 指 标 定 义

一、台区供电量

台区供电量＝考核表正向电量＋余量上网分布式电源反向电量＋全额上网分布式电源正向电量

二、台区售电量

台区售电量＝各户表电量＋余量上网分布式电源正向电量＋全额上网分布式电源反向电量＋考核表反向电量（系统未显示但后台计算）

三、台区线损电量

台区线损电量＝台区供电量－台区售电量

四、台区线损率

台区线损率＝(台区线损电量/台区供电量)×100％

五、线损异常台区

除线损达标台区外均为线损异常台区。线损台异常区分为不可算台区、高损台区、负损台区。

(1) 不可算台区。台区供电量、用电量至少其一无法获取等原因导致不具备线损计算的台区。

(2) 高损台区。月度同期线损率大于10％且台区的供电量、用电量绝对值至少有一个不小于台区容量绝对值的台区。

(3) 负损台区。同期线损率小于0％且台区的供电量、用电量绝对值至少有一个不小于台区容量绝对值的台区。

六、台区采集覆盖率

台区采集覆盖率＝(已接入用电信息采集系统的电能表数/该台区的电能表总数)×100％

七、台区采集成功率

台区采集成功率＝(可通过用电信息采集实现自动采集的电表数/该台区已接入用电信息采集系统的电能表总数)×100％

第七节 典型案例分析

【例 2-2-1】 智能表安装率、抄读成功率低。

(1) 常见表象。台区高损。

(2) 分析过程。查看采集系统安装率和用户抄表成功率。如图 2-2-3 所示，台区用户未全部安装智能表接入采集系统或未全部抄读成功，是导致线损偏高的重要原因。

区考核单元明细

台区编号	考核单元名称	供电量(kWh)	售电量(kWh)	自…	损耗电量(kWh)	线损率(%)	安装率(%)	用户抄表成功率(%)	抄读成功率(%
1502797736	电网_西沟变台	10.58	3.72	0	6.86	64.84	100	66.67	75
1502761085	电网_新建小区	148.20	116.75	0	31.45	21.22	97.56	84.62	85
1502759654	电网_冰冷沟	49.96	41.34	0	8.62	17.25	100	93.55	93.75
1502924832	电网_西大庙变台	68.65	55.34	0	13.31	19.39	100	95.65	95.83
1502760692	电网_刚房变台	52.39	31.60	0	20.79	39.68	100	95.83	96
1502924691	电网_干沟变台	78.96	56.51	0	22.45	28.43	100	96.3	96.43
1502013651	电网_小柳条沟变压器	72.86	64.20	0	8.66	11.89	100	96.77	96.88
1502761086	电网_土城移民	1306.20	913.04	0	393.16	30.10	100.99	97	97.06
1502761090	电网_大水沟变台	96.43	85.97	0	10.46	10.85	100	97.44	97.5
1502722248	电网_黄土坎变台	107.10	94.25	0	12.85	12.00	100	97.67	97.73
1502761083	电网_五道窝铺变台	64.69	52.23	0	12.46	19.26	100	97.67	97.73

第 1 页共 1 页　100 条/页

抄表分析　异常分析　趋势分析　合并计算

采集器分析

终端地址	采集器资产号	应采表数	实采表数	抄表失败数	抄读成功率%
130847315	直挂终端	4	3	1	75

抄表成功用户

用户编号	用户名称

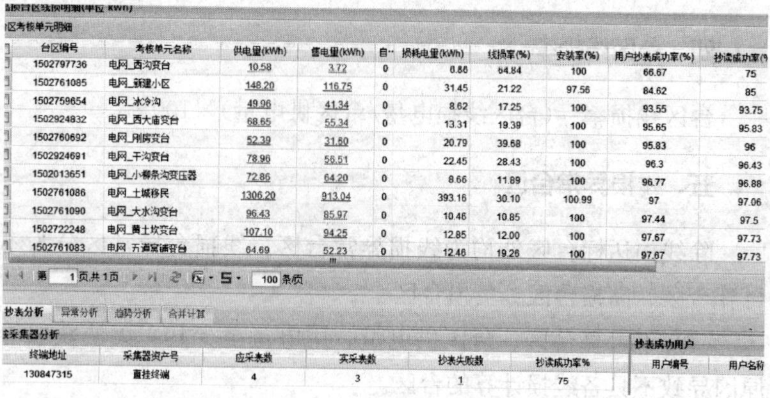

图 2-2-3　采集系统安装率和用户抄表成功率查询

（3）治理措施。此类台区同期线损治理，应首先从提高采集成功率和安装率入手。

【例 2-2-2】 修复电量导致线损计算不准确。

（1）常见表象。线损合格台区出现异常波动（偶见线损一直不合格），采集系统线损分析界面出现修复电量。

（2）问题描述。某线损正常台区，某月突然线损增高。

（3）分析过程。如图 2-2-4 所示，经系统查询安装率、用户抄表成功率皆为 100%，但供电量发生修复。点开供电量发现由于考核表起码未采集到，导致电量修复。

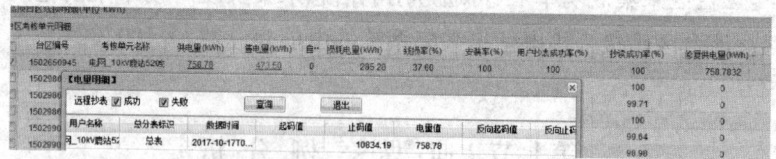

图 2-2-4　线损正常台区，某月突然线损增高系统显示

（4）常见修复原因。采集正常表计某段时间内未采集到表码；用户系统档案合同容量与现场不符且用电量超采集系统设定的阈值；系统为单相表但现场三相表（反之亦然）；换表；电表倒走或电量冒大数。

(5) 初步结论。考核表本期采集失败导致电量修复。
(6) 治理措施。查找采集失败原因并整改。

【例 2-2-3】 考核表倍率维护错误。

(1) 常见表象。供售电量比例异常，线损率异常高或异常低（见图 2-2-5）。

台区编号	考核单元名称	日期	供电量(kWh)	售电量(kWh)	自用电(kWh)	损耗电量(kWh)	线损率(%)
1502992261	裕华路工贸城台150105010	201704	4257.39	8559.30	0	-4301.91	-101.05

图 2-2-5 考核表倍率维护错误

(2) 问题描述。某市中心独立台区台区容量 200kVA，不存在分布式电源，但售电量长期为供电量的二倍左右。

(3) 分析过程。首先独立台区排除营配贯通问题，采集系统监测考核表 A、B、C 三相计量无异常，经 SG186 系统档案查询，互感器倍率为 120，台区容量 200，不合常规互感器的配置原则。

(4) 初步结论。怀疑为系统档案考核表互感器倍率问题。经现场检查，确为系统与现场互感器倍率不一致。

(5) 治理办法。维护 186 系统档案并重新下发采集流程即可。

【例 2-2-4】 分布式电源未计入考核电量（见图 2-2-6）

台区编号	考核单元名称	日期	供电量(kWh)	售电量(kWh)	自用电(kWh)	损耗电量(kWh)	线损率(%)
1502662830	电网_白池沟南变台	20171001	602.05	615.97	0	-13.92	-2.31

用户编号	用户名称	总分表标识	数据时间	起码值	止码值	电量值
1500125053	白池沟南变台	总表	2017-10-01T0...	5933.97	5943.61	578.40
2503266219	张××	分表	2017-10-01T0...	423.56	427.58	4.02

图 2-2-6 分布式电源未计入考核电量

(1) 常见表象。台区负损。

(2) 问题描述。某台区线损一直正常，但自接入分布式电源后台区线损开始为负。

(3) 分析过程。查看台区供电量，发现台下只有一户分布式电源，但通过核实 SG186 和采集系统分布式电源监测明细，发现考核电量中，分布式电源用户不全，漏掉一户分布式电源。

查看该用户采集监测明细，如图2-2-7所示，正向及反向表底均采集成功，但光伏类型为空。

电压等级	表计资产编号	数据时间	昨日正向有功总	当日正向有功总	昨日反向有功总	当日反向有功总	电量	光伏表类型
交流220V	16300010000...	2017-10-02	5510.31	5532.15	1.84	1.85	21.84	

图 2-2-7 用户采集监测明细

（4）初步结论。对于光伏表类型一栏为空，说明营销系统维护的分布式电源计量点主用途与发电用户消纳方式不匹配，无法判定光伏的类型。

（5）治理措施。将该用户重新下发采集流程即可。

说明：

（1）对于光伏表类型一栏为空，说明营销系统维护的分布式电源计量点主用途与发电用户消纳方式不匹配（或未将SG186系统更正后的档案同步到采集系统），无法判定光伏的类型。正确的组合方式为：发电用户消纳方式为全部上网，计量点主用途为上网；发电用户消纳方式为余电上网，计量点主用途为发电或上网。对于分布式电源档案维护错误的，需要在营销系统重新修改分布式电源档案，并走采集点流程，将修改后的正确档案同步到采集系统。

（2）对于上网电量为空的情况，首先核实上网光伏对应的正向电量或反向电量是否为空。全部上网光伏，正向电量不为空而上网电量为空，原因是光伏接入日期过早，光伏的用户高低压属性维护错误导致，可在营销系统走无修改的采集点流程重新调试；对于余电上网光伏，反向电量不为空而上网电量为空，原因是所属用电用户的用户类型不是低压，电量不纳入上网电量计算。可在营销系统重新维护用户主分类方式以及计量点主用途，并走采集点流程，将正确档案同步到采集系统。

【例 2-2-5】 考核表或互感器接线有误（见图2-2-8）

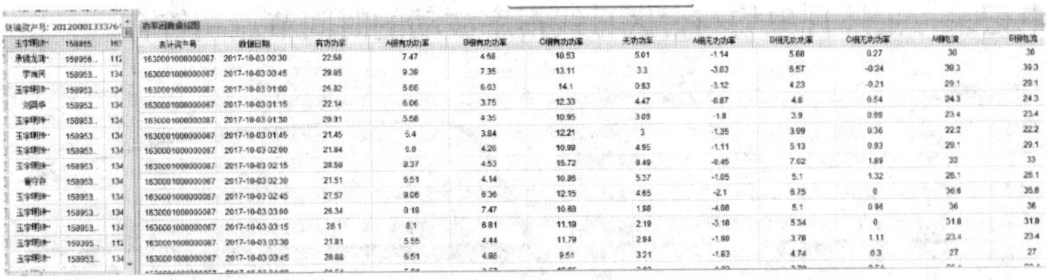

表计资产号	数据日期	有功功率	A相有功功率	B相有功功率	C相有功功率	无功功率	A相无功功率	B相无功功率	C相无功功率	A相电流	B相电流
1630001000000087	2017-10-03 00:30	22.68	7.47	4.68	10.53	5.01	-1.14	5.88	0.27	30	30
1630001000000087	2017-10-03 00:45	29.85	9.39	7.35	13.11	3.3	-3.03	6.57	-0.24	39.3	39.3
1630001000000087	2017-10-03 01:00	26.82	5.66	6.03	14.1	0.93	-3.12	4.23	-0.21	29.1	29.1
1630001000000087	2017-10-03 01:15	22.14	6.06	3.75	12.33	4.47	-0.87	4.8	0.54	24.3	24.3
1630001000000087	2017-10-03 01:30	20.91	5.58	4.35	10.95	3.09	-1.8	3.9	0.99	23.4	23.4
1630001000000087	2017-10-03 01:45	21.45	5.4	3.84	12.21	3	-1.35	3.99	0.36	22.2	22.2
1630001000000087	2017-10-03 02:00	21.84	6.6	4.26	10.98	4.95	-1.11	5.13	0.93	29.1	29.1
1630001000000087	2017-10-03 02:15	28.59	8.37	4.53	15.72	8.49	-0.45	7.02	1.89	33	33
1630001000000087	2017-10-03 02:30	21.51	6.51	4.14	10.86	5.37	-1.05	5.1	1.32	26.1	26.1
1630001000000087	2017-10-03 02:45	27.57	9.06	6.36	12.15	4.65	-2.1	6.75	0	36.6	36.6
1630001000000087	2017-10-03 03:00	26.34	8.19	7.47	10.68	1.98	-4.08	5.1	0.96	36	36
1630001000000087	2017-10-03 03:15	26.1	8.1	6.81	11.19	2.19	-3.18	5.34	0	31.8	31.8
1630001000000087	2017-10-03 03:30	21.81	5.55	4.44	11.79	2.94	-1.98	3.78	1.11	23.4	23.4
1630001000000087	2017-10-03 03:45	28.88	6.51	4.86	9.51	3.21	-1.63	4.74	0.3	27	27

图 2-2-8　考核表或互感器接线有误

（1）常见表象。台区负损。

（2）问题描述。某台区容量 1000kVA，综合倍率 300 台下用户 343 户，台区不存在分布式电源问题，线损长期在－20～－30。

（3）分析过程。该台区所在小区 6 个台区组合计算线损率仍为负，排除低压用户串台影响且无用户反映多费多的情况。考虑为总表计量问题。

查看总表日负荷数据，发现 A、B 两相电流时时刻刻保持一致，A 相无功功率为负且 B 相无功接近有功值，明显不合常理。

（4）初步结论。怀疑为考核计量装置接线错误，接线错误。

（5）治理措施。现场检查确为互感器接线错误，安排停电调整接线即可。

【例 2-2-6】 用户窃电。

（1）常见表象。台区高损。

（2）问题描述。某台区容量为 400kVA，用户 9 户，日线损率常年稳定在 1.3%左右。采集系统监测到某台区在 14～18 日期间出现日线损率表现为高损的情况，日线损率最高达到 92.66%，具体如图 2-2-9 所示。

（3）分析过程。通过排查采集成功率、台区户变关系均未发现异常。由于该台区的日线损率连续多日高损，初步判断可能存在计量装置故障或用户窃电行为。通过查询该台区下所有用户的用电记录，筛选出日用电量波动较大的用户，发现某用户在 14 日前后的日用电量波动巨大，14 日前该用户日均用电量 600kWh，而 14 日后该用户日均用电量 15kWh 且穿透用户表计发现该用户在 14 日存在停电记录，上述现象均与台区日线损率波动的时间节点相符合。

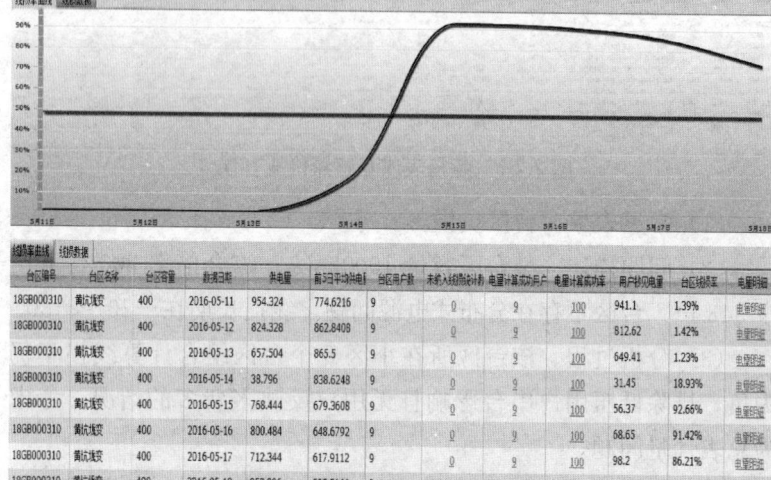

图 2-2-9　用户窃电系统分析

（4）初步结论。怀疑该用户窃电。

（5）治理措施。用电检查人员到现场排查发现，该户 14 日因进线闸刀电源侧铜铝鼻子烧毁，停电维修时通过私自调换 AC 相电压接线方式的方法进行窃电，如图 2-2-10 所示。

图 2-2-10　用户窃电现场图

安排计量人员将电能表接线恢复正常，并按照《供电营业规则》的规定对窃电用户进行处理。

第三章 营配调贯通

第一节 编制目的

通过客户设备与电网设备信息及地理位置采集,形成电网设备与客户设备一体的 GIS 系统图形,利用图形与营销及运检设备台账的关联关系,实现业务流程在各专业系统间的跨专业流转,最终形成"客户数据以营销为准""电网数据以运检为准",数据在各专业全面共享的应用模式,进一步提升协同效率和供电服务水平。

第二节 工作目标

全面推广客户报修定位、故障研判指挥、停电计划分析、业扩交互应用、线损管理等协同业务应用,促进专业管理和对外服务水平的全面提升。

第三节 工作职责

开展电网及用户设备地理信息采录,建成电网 GIS 系统中营销、运检设备一张图,为跨专业业务融合提供跨系统、跨专业的可视化数据支撑。

第四节 工作内容

一、高低压电网设备及用户专变、计量箱设备地理信息采录

(1) 营配调贯通内勤或业扩人员根据营配调问题数据清单、配网工程改造进度和业扩报装情况,向外勤人员派发现场采集任务。

(2) 根据内勤下发的现场采集工作任务,外勤人员至设备变更现场,粘贴杆塔、表箱等设备标签,通过手持地理信息采集终端,采集杆塔、计量箱、用户变压器、用户用电点地理位置信息及箱表关系、产权分界点杆号、设备照片等信息,反馈内勤人员或业扩人员。

(3) 内勤人员根据外勤人员反馈的现场设备地理信息、照片等,按照营配调贯通数据异动同源管理办法要求,在生产系统中进行电网设备信息新增、异动,在营销SG186系统高低压营配调贯通数据录入模块和计量箱管理模块以及电网GIS系统营销客户端,进行营销及客户设备信息录入变更,在业扩报装流程中对用户新增、异动信息进行维护。

二、高压用户一致性治理

(1) 内勤人员根据营配调贯通专业下发的"高压用户一致性问题数据",分析问题形成原因,给外勤人员派发现场核实任务。

(2) 外勤人员根据内勤人员派发的核实任务,对问题专用变压器数据进行现场核实,通过手持地理信息采集终端采集反馈用户变压器、用户用电点地理位置信息以及产权分界点杆号、设备照片等信息。

(3) 根据外勤反馈核实数据,与SG186和电网GIS系统进行所属线路、杆塔、容量等数据对比,调整营销SG186高压用户所属线路和电网GIS系统变压器与线路的挂接关系,使营销SG186和电网GIS系统设备所属线路信息(以线路PMSID为准)一致。

三、低压用户一致性治理

(1) 内勤。内勤人员根据营配调贯通专业下发的"低压计量箱挂接一致性问题数据",分析问题数据形成原因,需现场核实数据给外勤人员派发现场核实任务。

(2) 外勤。外勤人员根据内勤人员派发的核实任务,对问题计量箱内表计对应用户,以及用户所属台区进行现场核实,将核实结果反馈内勤人员。

（3）内勤人员根据外勤人员核实结果，通过营销 SG186 系统批量调整用户台区功能调整用户"变—户"关系，通过电网 GIS 系统进行计量箱挂接治理、属性更新，使计量箱在 GIS 系统中所属变压器与计量箱中用户在营销系统中所属台区（以变压器 PMSID 为准）信息一致。

四、营销 SG186 系统"变—户"关系调整

根据营配调贯通专业下发的"带 PMSID 但无用户台区"明细，在营销 SG186 系统中找到与其对应的旧台区，通过批量调整用户台区流程，将低压用户和考核表调整至新台区下，在线损管理模块下，拆除旧台区及变压器。

五、业扩交互流程

（1）根据业扩人员下发的客户新装、异动现场勘查通知，开展现场勘查，向业扩人员反馈的方案中包括用户装表所需计量箱的相关信息。

（2）低压业扩受理人员根据外勤人员反馈的供电方案中计量箱信息，在低压业扩新装、异动流程中现场勘查环节制定计量箱方案。

（3）装表人员现场装表时，如为新增计量箱，需在现场装表同时粘贴表箱标签，标签及表箱行列数信息反馈内勤人员，用于表箱建档。

（4）根据现场新装计量箱信息，在 SG186 系统中进行表箱建档，空间拓扑图形表箱绘制。

六、营销系统变电站、线路、台区、变压器档案维护

根据营配调贯通专业下达的变电站、线路、台区、变压器档案维护要求，在营销 SG186 系统中线损管理模块下，开展营销系统站、线、变档案的修改、删除。

七、标准地址维护

（1）根据营配调贯通专业下达标准地址维护客户明细或业扩报装新增用户地址，外勤人员收集整理地址信息，包括市、县、乡镇（街道办事处）、行政村（社区）、道路、小区（自然村），由内勤人员填写标准地址库模板，报营销部统一添加进标准地址库。

（2）标准地址库添加完成后，业扩流程负责人员通过业扩流程维护新装用户标准地址和城农网属性，内勤人员通过营销SG186系统新装增容及变更用电模块下批量维护地址功能，维护用户标准地址和城农网属性。

第五节 工作质量要求

一、高压用户一致率

客户专用变压器在GIS系统地理位置和挂接关系与现场一致，所属营销SG186系统与电网GIS系统所属线路一致，以线路PMSID为准。

二、低压用户一致率

用户计量箱在GIS系统地理位置和挂接关系与现场一致，所属营销SG186系统与电网GIS系统所属变压器一致，以变压器PMSID为准。

三、计量箱箱表关系

营销SG186系统中计量箱表位数、标签与现场一致，用户电能表所在行列数与现场一致。

四、标准地址

一级地址：市、县；二级地址：乡镇（街道办事处）、行政村

（社区）、道路；三级地址：小区（自然村）、门牌号、地标。二级地址中的"道路"对于城市用户为必填，农村用户选填；三级地址中小区（自然村）和门牌号，最少填写一项。

第六节 典 型 案 例

【例 2-3-1】 低压用户箱表关系采录。

【案例总体描述】 台区"电网_温××村8组配变"用户编号150638××××，用户名占××，在11月13日营配调贯通低压用户无箱表关系问题数据中，需补充低压箱表关系。

【关键词】 低压用户无箱表关系、箱表关系丢失。

【处理办法】 内勤人员根据用户所属台区，向台区经理下达低压箱表关系核实任务，台区经理根据用户所属台区、用户名称、电能表条码等信息，至现场核实用户所在计量箱标签及该电能表所在行列，反馈内勤人员；内勤人员在SG186系统中通过计量箱关系下运行电能表的箱表关系维护功能，通过电能表资产编号添加该电能表的箱表关系。

【防范措施及有关要求】 低压用户无箱表关系主要有两种原因：①新增用户在业扩报装流程中未维护箱表关系；②老用户箱表关系丢失。为保证箱表关系数据完整，需按以下要求执行：①非业扩业务进行表计轮换，必须通过计量装置故障和周期轮换流程进行，严禁使用改类流程进行表计轮换操作；②计量箱装置故障流程现场勘查环节和周期轮换流程制定方案环节必须制定计量箱方案，否则将丢失箱表关系；③换表业务流程装表环节必须在确认新的箱表关系是否自动带出，如未显示新的箱表关系，须按"箱表关系相关操作说明"进行处理；④低压业扩新装增容业务涉及新装、更换表计，必须在装表环节进行新表计的挂接，业扩流程中换表时，新的箱表关系不能自动带出。

第四章 业扩报装

第一节 编制目的

为了指导供电所业扩报装工作快捷、有效开展,按照国家电网有限公司要求完成业扩报装工作。全面践行"四个服务"宗旨,以客户为导向,运用市场化思维,全面构建公司业扩全环节适应市场、贴近客户的业扩服务工作机制。转变观念,创新机制,以客户需求为导向,精简办电程序,确保公司市场竞争优势,助力公司大营销体系建设。

第二节 工作目标

确保业扩报装流程顺利推进,为客户提供全方位、多角度的办电方式选择,成功占有电力市场竞争优势。

第三节 工作范围

供电所辖区内所有客户高低压业务的受理、业务咨询、业务处理、现场勘查、各类客户关于供电问题的诉求等业扩报装相关工作。

第四节 工作内容

一、业扩报装的定义

业扩报装,是受理客户用电申请,依据客户用电的需求并结合供电网络的状况制定安全、经济、合理的供电方案。确定供电工程投资界面,组织协调并检查客户(重要客户和具有特殊负荷的客户）内部工程的设计与实施，签订供用电合同，装表接电等，是客户申请用电到实际用电全过程中供电部门业务流程的总称。

二、业扩业务的办理

业扩流程是指供电企业受理新装或增容等业扩报装工程的内部传递程序。流程的具体运转是由供电企业营业窗口——供电营业厅"一口对外"完成的。低压业扩范围是指用电电压等级在10kV以下的客户新装工作，低压业扩工作涉及面广，工作量大，供电所要严格按承诺时间做好流程中各环节工作，为客户提供优质服务。

三、业扩报装工作总体要求

业扩报装工作必须全面践行"四个服务"宗旨，认真贯彻国家法律法规、标准、规程和有关供电监管要求，严格遵守公司供电服务"三个十条"规定，按照"一口对外、便捷高效、三不指定、办事公开"的原则开展工作。

(1)"四个服务"。服务党和国家工作大局，服务社会经济发展，服务发电企业，服务电力用户。

(2)"一口对外"。坚持"一口对外"的原则，建立有效的业扩报装管理体系和协调机制，由客户服务中心负责统一受理用电申请，承办业扩报装的具体业务，并对外答复客户。营销、发策、生产、调度、基建等部门按照职责分工和流程要求，完成业扩报装流程中的相应工作内容。

(3)"便捷高效"。坚持"便捷高效"的原则，以客户为中心，优化业扩报装流程，整合服务资源和信息资源，推行"首问负责制""客户经理制"，严格按照《供电监管办法》及国家电网有限公司"十项承诺"要求的时限办理业扩报装各环节业务。

(4)"三不指定"。坚持"三不指定"的原则，严格执行统一的技术标准、工作标准、服务标准，尊重客户对业扩报装相关政策、信息的知情权，对设计、施工、设备供应单位的自主选择权，对服务质量、工程质量的评价权,杜绝直接、间接或变相指定设计单位、施工单位和设备材料供应单位。

(5)"办事公开"。坚持"办事公开"的原则,在营业场所、95598客户服务网站或通过宣传资料,公布统一的业扩报装服务项目、业务流程、收费标准等信息;配置自助服务终端,方便客户查询业务办理进程、具备资质的受电工程设计、施工单位信息以及有关政策,主动接受客户及社会的监督。

四、业务扩充类型

低压电力客户新装工作流程图如图 2-4-1 所示。

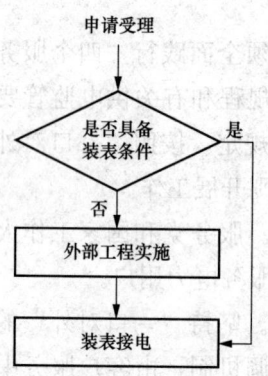

图 2-4-1　低压客户新装工作流程图

对于低压居民用户实行勘查装表"一岗制"作业,具备装表条件的,勘查确定方案后当场装表送电;不具备装表条件的,现场勘查时答复供电方案,由现场勘查人员同步提供设计见图和施工要求,根据与用户的约定时间或电网配套工程竣工当日装表送电。

五、业扩各环节时限要求(见图 2-4-2)

对于供电所综合班工作人员作为业务受理的第一人,担负着与营配班等各部门沟通的重要责任。根据低压业扩管理的时限要求,应严格把控时限关口,在规定时限内完成低压业务的办结。

工作内容 时限(工作日) 用电类别	供电方案答复		工程设计			工程建设阶段				送电	
	业务受理	现场勘查	确定供电方案	供电方案答复	工程设计审查(重要客户、有特殊负荷的客户)	设计图示(需交纳业务费的客户)	业务收费	客户工程施工	电网配套工程施工(有电网配套工程实施的客户)	中间检查(有隐蔽工程的或有特殊负荷的客户)	竣工验收	装表	停(送)电计划制订	供用电合同签订	调度协议签订(调度管辖或许可的客户)
低压居民	当日录入系统	具备直接装表条件的客户,供电方案答复、现场勘查、供用电合同签订和装表送电:1工作日										
低压非居民	当日录入系统	1	—	—	—	—	—	10	—	3	5	—
10kV	当日录入系统	单电源:10;双电源:25	1	5	—	—	60	2	5	5	—
35kV	当日录入系统	单电源:11;双电源:26	1	5	—	—	—	2	5	5	—
110kV及以上	当日录入系统	单电源:11;双电源:26	1	5	—	—	—	2	5	5	—

注 业扩工作环节时限以最新下发时限要求为准。

图 2-4-2 业扩各环节时限要求

121

六、业扩工作流程

1. 业务受理环节

(1) 报装。客户可通过供电营业厅、95598 客户服务热线、网上营业厅等多渠道报装,工作人员应向客户宣传"掌上电力"手机 APP 线上方式。

(2) 服务。受理客户用电申请时,应主动为客户提供用电咨询服务,接受并查验客户用电申请资料,对于资料欠缺或不完整的,按照"一证受理"的原则,在收到客户主体资格证明并签署"承诺书"后正式受理。

(3) 填表。询问客户申请意图,主动向客户提供业扩报装办理告知书,告知办理用电需提供的资料、办理的基本流程、相关的收费项目和标准,引导客户填写用电申请书。

(4) 审查。审查客户历史用电情况,如客户存在欠费情况,须结清欠费后方可办理。

(5) 检查资料完整性。接受客户用电申请资料,应检查客户资料齐全、完整、有效。

(6) 受理。受理客户用电申请后,应在规定工作日内将相关资料转至下一个流程相关部门。

2. 方案环节

(1) 现场勘查前。工作人员应与客户预约勘查时间。

(2) 现场勘查。应准确核实客户用电信息,结合现场实际条件,确定电源等信息方案。

(3) 条件审查。对现场不具备供电条件的,应在勘查意见中说明原因,并向客户做好解释工作。对现场存在违约用电、窃电嫌疑等异常情况的客户,勘查人员应做好现场记录,及时报相关职责部门,并暂缓办理该客户用电业务。在违约用电、窃电嫌疑排查处理完毕后重新进行业扩报装流程。

(4) 方案制定。客户服务中心应依据《国家电网公司业扩供电方案编制导则》等有关技术标准，根据现场勘查结果、电网规划、用电需求及当地供电条件因素，经过技术经济比较，与客户协商一致后，提出初步供电方案。

(5) 答复方案。当供电方案发生变更时，应严格履行相关程序，对因客户需求发生变化造成供电方案变更，应通知客户重新提交相关手续。

3. 验收送电环节

客户提交竣工检验申请，应审核客户报送材料是否齐全有效。竣工检验时，应按照国家、电力行业标准、规程和客户竣工报验资料，对受电工程进行全面检验。发现缺陷的，应以书面形式一次性通知客户。复验合格后方可接电。

4. 合同签订环节

根据国家电网有限公司关于档案规范化的要求，通过将"标准化、严格化档案管理要求"细化并落实到实际管理过程中，实现对合同范本宣贯、档案规范化至档案室管理的有效控制，确保合同范本规范和档案管理可靠及档案可提供的权效作用。档案管理工作属于业扩工作的一部分，在签订档案时需要认识到档案对业扩工作的重要性，以及对单位的重要性，要充分分析合同和档案构成成分，其中的约束条件所起的作用。合同和档案重要性分析结构图如图 2-4-3 所示。

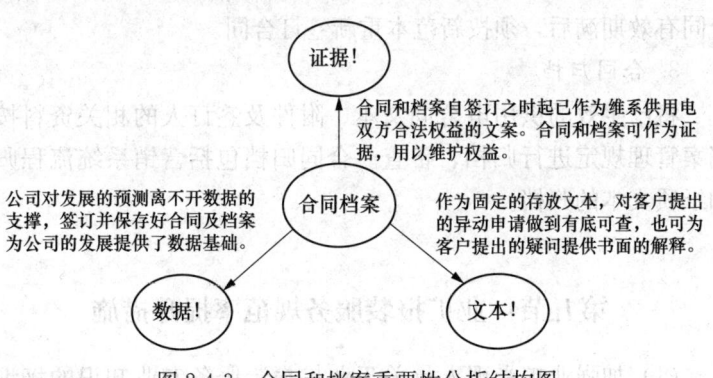

图 2-4-3 合同和档案重要性分析结构图

七、业扩供用电合同管理标准化制度

1. 供用电合同管理办法

（1）为了维护正常的供用电秩序，依法保护供电企业、客户双方的合法权益，做好《供用电合同》的签订、履行及管理工作，根据《中华人民共和国合同法》《中华人民共和国电力法》《电力供应与使用条例》《供电营业规则》等法律、法规的规定，制定本办法。

（2）用电双方签订《供用电合同》应本着平等自愿、协商一致原则进行。

（3）依据国家电网有限公司供用电合同相关规定，高压客户、低压非居民客户均须签订供用电合同，低压居民客户可采用背书合同。

（4）供电企业与客户必须依法签订供用电合同。对于无理拒绝签订供用电合同客户，供电企业不承担供电责任和义务。

（5）本办法适用于供用电合同范本管理，包括合同的新签、变更、续签、补签、终止及合同的检查监督等全过程的管理工作。

2. 合同范本管理

（1）供用电合同范本由营销部负责统一管理。

（2）合同范本引用，供用电合同的格式及条款内容须引用省公司下发的合同范本。新范本发布日前签订的合同继续有效，在合同有效期满后，须按新范本重新签订合同。

3. 合同归档

将已生效的供用电合同文本、附件及签订人的相关资料按照档案管理规定进行归档、备查。合同归档包括营销系统流程归档和纸质文本的归档。

第五节　业扩报装服务规范率提升措施

（1）加强业扩受理人员关于业扩报装服务专业知识的培训和

学习，强化人员责任心，加强业扩流程各环节的管控。

(2) 按照"一口对外"的原则，建立有效的业扩报装工作管理体系和协调机制，供电所营业班负责业扩报装的一口对外，并组织、协调供电所各班组完成业扩报装流程的相应工作。

(3) 供电所营业班严格按照国家电网有限公司关于业扩报装时限的要求，在规定时限内答复客户供电方案，杜绝系统外流转。

(4) 接电工作完成后，供电所营业班为客户建立用户档案，将《供用电合同》等重要文件作为原始资料妥善保管。

第六节 风险防控说明

(1) 业扩工作人员严格按照业扩报装管理规范，杜绝 SG186 系统外流转事件的发生。

(2) 坚决杜绝业扩工作人员对客户进行"三指定"。

(3) 业扩人员做到"管专业，管服务"的带头作用，作为客户接触的第一人，我们必须做到"首问负责""急客户所急"。

(4) 业扩报装人员必须遵守《国家电网公司供电服务"十项承诺"》和《国网公司服务行为"十个不准"》。

第七节 业扩报装典型案例分析

"以客户为中心，以市场为导向"是供电营业服务的指导原则。在业扩工作中，我们是直接面对客户，是客户接触的第一人，也是客户在报装过程中的引路人、业扩工程监审人，自始至终体现了这个原则；我们人员的素质、我们的服务理念和工作中的技巧，无一不是国家公司"真诚服务，共谋发展"的服务理念的深切需要。

【例 2-4-1】 ××年 6 月 11 日，客户王小姐到当地供电所营业厅办理低压非居民新装业务。因忘记带身份证，客户要求业务受理人员小高，先进行业务受理，相关手续待后续环节进行补交。业务受理人员小高口头表示同意之后，进行 SG186 系统的录入。6 月 12 日，业务受理人员小高因病请假。小王接替业务受理人员小高的工作，小王认为客户资料不全不能进行业务受理，在未通知客户的情况下将流程进行终止。直至 6 月末，仍无工作人员联系客户答复供电方案等事宜，造成客户王小姐拨打 95598 供电服务热线进行投诉。

【暴露问题】 ①人员请假未严格落实岗位变更的交接班制度：导致工作衔接不密切，是造成客户投诉的直接原因；②本事件也暴露了供电企业业扩报装流程各环节管理制度不健全以及制度落实不到位等缺点。申请环节资料不全，业务受理人员为按照规定进行"一证受理"在后续环节让客户进行手续的补充。流程终止过于随意未进行严格的把关，并与客户进行沟通。

【防范措施及有关要求】 ①加强业扩报装人员业务知识的培训学习，树立"管专业、管服务"的大局意识，不断提升他们的业务能力和工作责任心，规范业务受理人员的业务执规考核，通过考核强化各项工作标准的执行力；②设置业扩后台管理人员，对各类业扩流程的资料完整性、正确性、流程时限合格情况、各环节操作规范性进行跟踪，并提出考核意见。通过及时跟踪、反馈，不断提高业扩群流程服务规范性。

【例 2-4-2】 ××年 1 月 6 日。客户赵先生到供电营业厅办理低压居民用电，业务受理人员对客户赵先生说："供电所现在没表，无法进行业务受理，回家等等吧。"客户随即拨打 95598 供电服务热线，表示对业务受理人员的服务态度表示非常不满。

【暴露问题】 ①业扩受理人员未按国家电网有限公司关于印发《进一步精简业扩手续、提高办电效率的工作意见》的通知（国家电网营销〔2015〕70 号）进行业务受理；②暴露业扩人员责任心不到位，未进行部门沟通直接回绝客户，加强受理人员责任心；③未坚持"一口对外"的原则，建立有效的业扩报装管理体系和协调机制，由客户服务中心负责统一受理用电申请，承办业扩报装的具体业务,并对外答复客户。

【防范措施及有关要求】 ①增加员工服务意识,真心真意为客户服务;②增强员工专业技能的学习,不断增加员工的素质教育,树立好企业形象。

第八节 "掌上电力"线上业务办理

"掌上电力"线上业务办理主要包括新装/增容、改类、更名/过户、峰谷表、减容/减容恢复、实名通电、增值税变更等业务受理,方便了业务的异地受理,同时更大程度地便利了客户的高低压业务办理,为国家电网更大程度的拓展了电力市场。

低压"掌上电力 APP"操作流程

(1) 扫描下方二维码下载掌上电力 APP 官方版。

(2) 掌上电力 APP 官方版"用电申请"实现用户在线填写并提交低压非居民和低压居民新装用电申请的功能,包括"居民生活"和"企事业"。

"居民生活"办电流程如图 2-4-4 所示。

"企事业"办电流程如图 2-4-5 所示。

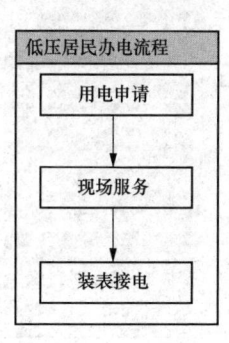

图 2-4-4 "居民生活"办电流程

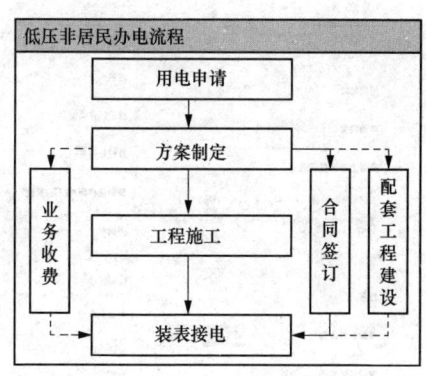

图 2-4-5 "企事业"办电流程

（1）"个人用电"实现低压居民用户在线填写并提交低压居民新装用电服务申请的功能。进入"服务"页面（见图2-4-6），找到"用电申请"图标（见图2-4-7），即为全业务入口；

图2-4-6 "服务"页面　　　　图2-4-7 "用电申请"页面

申请时，低压居民用户需填写产权人基本信息、用电地址等并上传身份证（军人证或护照）正反面照、产权证等，如图2-4-8所示。

图2-4-8 低压居民用户填写信息

申请提交成功后，用户可通过"业务记录"中的工单列表跟踪工单的实时进度。

（2）"企业用电"实现低压非居用户在线填写并提交低压非居新装用电服务申请的功能。实现低压非居民用户在线填写并提交低压非居民新装用电服务申请的功能。申请时，低压非居民用户需填写法人代表基本信息、用电地址、经办人基本信息等并上传营业执照照片或组织机构代码证照片、身份证正反面照、一般纳税人登记证等。申请提交成功后，用户可通过"业务记录"中的工单列表跟踪工单的实时进度（见图2-4-9）。

图2-4-9　企业用电填写信息

（3）业务记录。实现低压非居民和低压居民线上新装用电服务申请进度查询的功能，用户可选择登录账户下显示的工单列表，进入后可查看申请编号、客户名称、用电地址和流程状态等信息（见图2-4-10）。

掌上电力官方版为低压用户和低压非居民用户提供线上办电功能。线上全天候受理，体验一站式服务；服务全方位感知，享受一键式评分。除此之外，掌上电力还增加了支付购电、购电记录查询、购电跟踪等多种功能性服务。

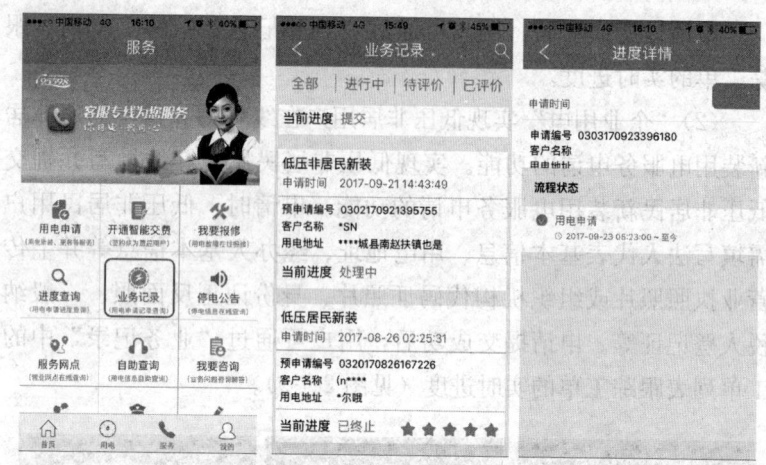

图 2-4-10 "业务记录"填写

第五章　智　能　交　费

第一节　编　制　目　的

为了指导供电所智能交费工作有序、高效开展，完成公司下达的年度工作任务和目标，防范欠费风险、减轻催收压力、保障经营效益，满足客户在线、灵活、互联服务需求，全面深化"互联网＋营销服务"，助力公司营销服务转型升级。

第二节　工　作　目　标

全面推广智能交费业务深化应用，开通智能交费的用户协议签订率100%，协议上传率100%，费控执行规范率100%。

第三节　业　务　范　围

供电所辖区内智能交费业务推广、客户复电服务、业务咨询、线上交费宣传、现场问题排查等智能交费相关工作。

第四节　工　作　内　容

一、智能交费业务宣传推广

（1）供电所内勤人员制定宣传推广方案，通过开展宣传推广活动，提升电力客户对智能交费业务的认知度。

（2）供电所通过广播电视、微信微博、实体广告、农村集市、小区商场以及当地政府专题公众日等载体，开展智能交费业务宣传,引导客户主动转变用电交费观念,营造良好舆论氛围。

(3) 台区经理可采取结对互助措施,开展现场宣传。

二、签订智能交费协议

(1) 协议签订及重要事项告知。供电所营业厅人员或台区经理与客户协商,逐户签订智能交费协议,将条款中所包含的电费测算规则、测算频度、预警阈值、停电阈值、预警、取消预警及通知方式、停电、复电及通知方式、通知方式变更、有关责任及免责条款等内容详细告知客户。

(2) 客户手机号码准确性审核。用户手机号码不出现空号、固定电话号码、号码多或少位数、汉字或其他字符等非标准手机号码的情况。现场拨打用户预留的手机号码,确保用户手机号码准确无误。

三、客户资料审核

(1) 供电所专业负责人对智能交费协议进行审核,确保用户户号与手机号码准确无误。

(2) 进入 SG186 系统,对线上签约的客户身份证、户号、手机号等关键信息进行审核,在 SG186 营销业务系统进行确认归档。

四、智能交费协议上传至 SG186 系统

客户成功开通智能交费业务后,供电所内勤人员将协议上传至 SG186 营销业务系统。

五、现场设备勘查及问题反馈

台区经理现场审核智能交费用户计量装置是否具备费控条件。对于暂时不具备条件的,将现场设备问题及时反馈至供电所,供电所专业负责人制定问题设备的调试或改造计划,并在 SG186 营

销业务系统中设置为审批停电，待计量装置具备费控条件后再结合实际需要将费控策略调整为自动停电。

六、营销业务应用系统设置

（1）根据签订的智能交费协议的用户信息，进入 SG186 系统，按照协议配置费控参数。

（2）合理选择欠费停电策略。对于重要客户、特殊客户，供电所专业负责人员要采取审批停电策略，避免由于费控停电给客户造成重大影响，甚至引发负面舆情。

七、费控执行情况日监控

（1）供电所专业负责人每日通过费控系统和用电信息采集系统，开展费控成功率监控诊断分析，实时监测费控客户余额预警、欠费停电、补交电费、费控短信发送、停复电指令下发、现场开关状态等信息，及时安排和处理现场作业工单。

（2）供电所专业负责人随时关注远程费控客户的交费情况，对交费成功复电失败的客户，及时跟进处理，降低投诉和舆情事件的发生。

（3）供电所专业负责人每日监控系统下发的停复电失败客户明细，分析停复电失败原因，分类汇总、分批解决。

八、费控停电用户复电

（1）对于需操作计量装置的，供电所专业负责人及时安排台区经理进行现场处理，确保 24 小时内完成复电。供电所专业负责人确保现场停复电状态与系统状态一致。

（2）对于交费失败、到账延迟等单边账问题造成复电不及时情况，供电所专业负责人根据客户反映向电子渠道联系人确认钱款到账进度，对外向客户做好解释，对内及时向快响工作站反映，做好问题应急处理。

九、现场设备运行维护

（1）供电所内勤人员对费控停复电执行情况进行分析，核查智能电能表和采集设备缺陷，安排处理无密钥认证失败、表内继电器故障、表外开关缺失、上行信号不稳定等现场计量装置问题。

（2）台区经理对智能交费电能表、采集终端等设备进行现场运行维护。

十、档案管理

供电所内应有专人管理智能交费用户档案，确保智能交费协议纸制档案和电子档案同步留存。

第五节　停复电成功率提升措施

（1）停复电指令执行不成功的主要原因是认证失败、任务下发失败、下发超时、否认报文等。

（2）对于无法下发停复电指令的，要主动运维，保障跳闸回路畅通。

（3）停电指令下发后，费控系统出现命令下发成功，执行失败的，需要修改系统状态，重新交纳电费，保证客户及时复电。

（4）针对集中器时钟偏差、死机和数据下发错误等问题，及时与终端厂家联系升级、维护现场设备，确保集中器通信畅通。

（5）做好电能表和通信模块的储备，充分利用移动数据掌机完成对电能表停复电、对时、密钥下装等操作，确保电能表能够准确、及时地执行停复电操作。

（6）加强用电信息采集系统的运维，对有干扰或载波信号衰减的台区，加装中继器、滤波电容等设备。无信号台区加装中压载波机、北斗采集设备实现采集。针对信号弱问题加装信号放大器来扩展信号，及时处理更换故障采集设备。

第六节 风险防控说明

（1）杜绝客户不知情、未签订协议等情况下单方面强行推广智能交费业务，防止因工作方式方法不当造成客户误解和投诉。

（2）智能交费协议必须全部上传至SG186营销系统，作为执行费控停电的依据。

（3）智能交费客户预留手机号码必须准确，确保短信接收正常。

（4）供电所内必须建立客户交费情况实时监控机制，客户电费结清后确保24小时内完成复电。

（5）阶段性组织复电按钮操作现场宣传讲解，确保客户掌握操作要领，对于客户不便操作的，要做好现场复电服务。涉及登杆、登高的现场复电操作，要采取必要的防跌落、防触电措施，强化风险控制，努力营造安全、和谐的供用电环境。

第七节 工作流程

一、费控协议签订流程（见图2-5-1）

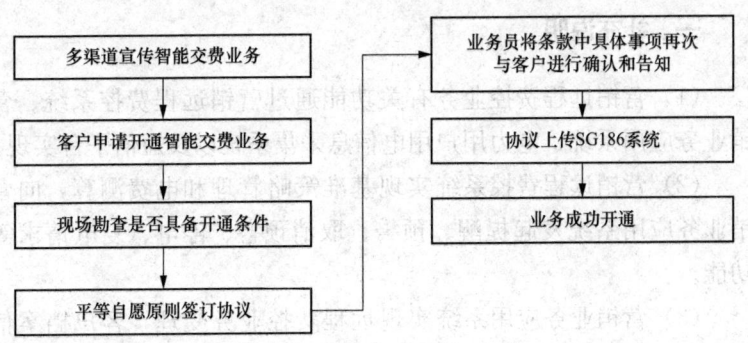

图 2-5-1　费控协议签订流程

二、费控运行流程（见图 2-5-2）

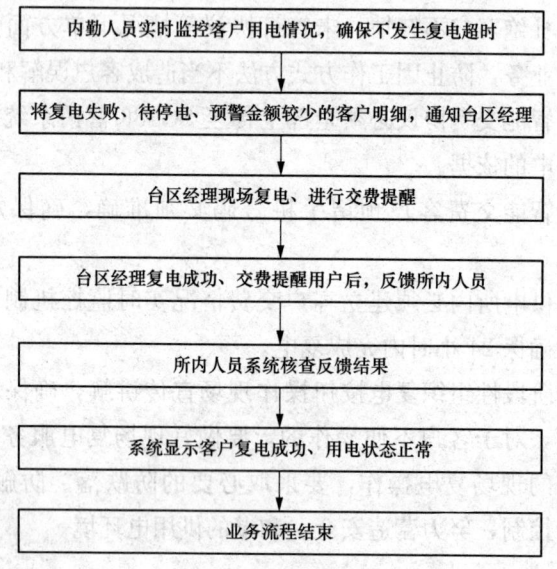

图 2-5-2　费控运行流程

第八节　补充说明及案例分析

一、补充说明

（1）营销远程费控业务有关功能通过营销远程费控系统、营销业务应用系统、电力用户用电信息采集系统以及短信平台实现。

（2）营销远程费控系统实现基准策略管理和电费测算，向营销业务应用系统发起提醒、预警、取消预警、停电、复电请求等功能。

（3）营销业务应用系统实现远程费控业务受理，客户档案信息和账户余额数据的实时推，对营销远程费控系统发起的提醒、预警、取消预警、停电、复电请求进行判断和处理，向电力用户用电信息采集系统、短信平台下发相关指令等功能。

（4）电力用户用电信息采集系统实现向营销远程费控系统传输采集的客户用电信息，执行营销业务应用系统下达的停电、复电指令，并将执行结果反馈至营销业务应用系统。

（5）短信平台接受营销业务应用系统指令，通过手机短信发送远程费控功能开通、提醒、预警、取消预警、缴费以及停复电告知等信息。

二、案例分析

【例 2-5-1】 未签订费控协议在智能交费推广过程中引发的投诉。

【案例总体描述】 户号 157064××××客户投诉供电公司工作人员在没有任何通知的情况下将其缴纳电费方式改为预付费。客户希望改回原来的后付费方式，并表示强烈不满，要求供电公司相关部门尽快核实处理，并尽快给出合理解释。

【关键词】 智能交费、预付费、协议。

【事件经过】 工作人员于 2017 年 9 月 29 日第一时间电话联系客户。经调查，客户反映情况属实，是供电公司责任。经了解，客户编号 157064××××，户名：冯××，系统内电话号 135031×××××为冯××本人联系方式。因供电所业务员在批量开通智能交费业务时，误将冯××家由后付费修改为预付费方式。经工作人员解释沟通，并在系统内将用户冯××缴费模式由预付费改为后付费，并将此处理结果与客户冯××确认，客户表示理解、认可。

【事件暴露主要问题】 费控业务人员责任心不高，未严格执行智能交费业务流程。

【防范措施及有关要求】 提升智能交费业务人员责任心、加强业务培训，规范费控业务开通工作流程，加大智能交费业务宣传,让更多的客户了解此项业务的便利性:①对智能交费业务人员进行统一的业务培训,提升业务人员责任心,并通过书面考试、实操考试、随机抽查等形式检验业务人员掌握程度。这样,业务人员就能在与用户接触过程中能够将智能交费优点准确的讲解给客户,能够站在客户的角度思考问题,便于此项业务顺利开展;②加强智能交费业务宣传,多种渠道增加客户认知度,可以通过广播电视、微信微博、现场讲解等多种渠道,开展形式各样的宣传活动,使预付费模式深入人心;③严格规范业务流程,认真落实上级单位、本单位关于智能交费业务下发的通知文件要求,确保客户签订协议后,再开通智能交费业务,并将协议条款详细告知客户,坚决杜绝"强行推广"情况的发生。

【例 2-5-2】 复电不及时在智能交费业务中引发的投诉。

【案例总体描述】 客户投诉 9 月 25 日早上停电了,于在 9 月 26 日 9 时 14 分结清欠费,但是现在家中还是没电,客户表示电能表黄色灯常亮,已超承诺时限 24 小时,客户表示非常不满,要求供电公司相关部门尽快核实处理,并尽快给出合理解释。

【关键词】 智能交费、复电、投诉。

【事件经过】 工作人员于 9 月 27 日 16 时联系客户,客户反映情况属实,是供电公司责任。工作人员 9 月 26 日 8 时 30 分发现户号为 150211××××的张先生家停电指令执行失败,9 点左右主动致电用户(系统预留电话 158314×××××),询问用户家中是否停电,用户称他不在那住,房子已租出,不知道停没停电,他会询问租户是否停电。同时工作人员告知房主如果停电,及时回复电话为其处理。后工作人员一直未接到该户房主张先生的电话。工作人员接到该投诉工单后,9 月 27 日 14 时因系统下发复电指令未成功,故工作人员对该户进行现场处理并成功复电。存在复电超过 24 小时的情况。目前用户用电正常,已将处理结果告知用户,用户表示认可。

【事件暴露主要问题】 监控不到位、复电超过 24 小时。

【防范措施及有关要求】 做好远程费控系统专人监控工作，发现异常主动联系客户，并现场采取复电措施：①制定监控制度，严防监控死角：各区县单位要制定控制度，安排专人对辖区内开通智能交费用户的复电情况进行 24 小时监控，要责任到人，不留死角；②发现复电异常，按流程及时处理：监控到复电失败用户时，先核查用户是否结清欠费，确认结清并预付金额大于零时，要将用户情况联系台区经理，台区经理要联系用户并及时赶到现场排查原因，在不超过 24 小时复电前提下，尽早为客户恢复送电；③做好原因分析，提升复电成功率：台区经理现场为客户恢复送电后，及时反馈监控人员，监控人员记录影响复电成功原因，并进行分析、归类，以便及时消缺，不断提升复电成功率，提升智能交费用户体验，实现优质服务。

第六章 线 上 交 费

第一节 编 制 目 的

通过掌上电力、电 e 宝、支付宝、微信、95598 网站等电子渠道，客户可在渠道绑定电力户号，足不出户实时查询用电信息、随时随地缴纳电费，同时电子渠道不定时为用户准备电力资讯消息，以便客户获取行业动态、了解最新优惠政策。

第二节 工 作 目 标

引导客户选择线上交费，重点推进公司自有渠道应用，提升线上业务渗透率，积极推广电 e 宝企业交费。

第三节 工 作 职 责

负责辖区内线上交费渠道推广、业务咨询等工作。完成线上交费率指标任务。

第四节 工 作 内 容

一、制定推广方案

成立以供电所长为组长的工作组，分解目标任务、制定推广计划，实行台区经理辖区负责制，加强过程管控、细化实施方案，确保提升工作有序开展，指标任务按时完成。

二、加强宣传培训，提升人员业务水平

所内定期组织台区经理学习线上渠道操作手册，交流实际推

广过程中的经验,实现人员业务素质整体提升。

1. 电 e 宝

(1) 扫描下载电 e 宝客户端,点击立即注册。

(2) 点击"钱包",点击"银行卡"进行绑定,点击"添加银行卡",选择银行,可选择储蓄卡或信用卡,点击选择的卡种及银行;填写个人信息,点击提交,绑定成功。

(3) 点击首页中的"智能费"模块,选择电费;选择交费地区,填写客户编号(用电户号),点击查询。

(4) 核对用电客户信息,填写缴费信息,选择使用的电费红包面额及数量(无电费红包不用选择),点击确认支付;选择支付方式,输入支付密码和短信校验码,点击确认,交费成功。

2. 支付宝

(1) 进入支付宝首页点击"生活缴费—电费"。

(2) 输入电力户号,点击下一步,进入缴费页面,输入需要充值的金额,点击立即缴费即可。

3. 微信公众号

(1) 微信搜索"国网××电力"或扫描二维码关注微信公众号。

(2) 绑定户号,点击"交费—用户绑定"进入绑定页面,输入电力户号、用户密码、验证码或输入电力户号,获取手机动态验证码进行绑定(验证码将发送至营销档案中预留的手机号码)。

(3) 支付电费,点击"交费—充值交费"进入缴费页面,输入需要充值的金额,验证用户编号,确认无误后点击去支付。

4. 微支付

(1) 进入微信点击"我—支付",选择"生活缴费—电费",确认所在区域。

(2) 输入 10 位用户编号,点击"查询账单",输入需要交纳的电费金额,点击"立即缴费"即可。

5. 掌上电力

(1) 下载掌上电力客户端,点击立即注册。

（2）进入掌上电力首页，点击"用电—支付购电"，确认当前交费地区及客户编号，点击"下一步"，选择支付方式及支付金额后点击"下一步"，确认订单信息后完成支付。

三、采取多种有效方式进行推广

扎实开展宣传推广活动，在营业厅展示、悬挂宣传条幅、集市商场等人员密集区进行宣传，指导客户下载注册，体验线上交费的便利。

四、做好客户服务工作

将线上渠道停机检修、立减活动等信息，通过微信朋友圈、张贴海报、村镇广播等多种形式告知用户。

第五节 工 作 流 程

线上交费工作流程如图 2-6-1 所示。

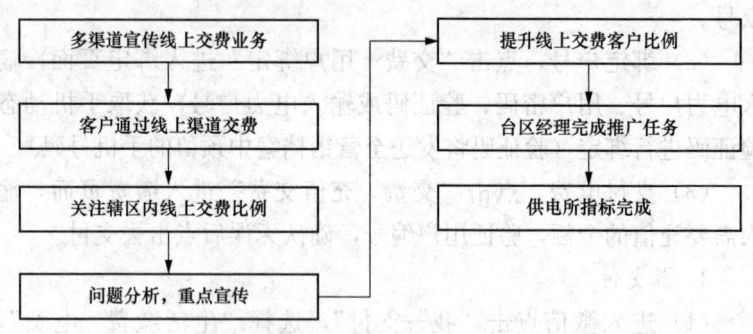

图 2-6-1 线上交费工作流程

第六节 补 充 说 明

按时完成线上交费客户推广比例，主动收集客户对线上交费工作的意见和建议，整理归类并及时反馈，做好客户意见工单回访工作和现场宣传工作。

第七章 电 费 回 收

第一节 编 制 目 的

电费回收工作是抄核收工作的最后一个环节，也是电力企业资金周转的一个重要环节。电费收入不仅是电力企业电力生产、输送及其管理所需的资金来源，也是国家的主要财政收入之一。

第二节 工 作 目 标

电费回收率100%，季末应收电费余额完成指标任务。

第三节 工 作 职 责

及时通知用户用电情况，提醒用户交费，发行电费全部回收，完成电费回收工作任务和指标。

第四节 工 作 内 容

一、落实电费回收责任制

严格落实电费回收责任制，把电费回收作为刚性任务，供电所制定电费回收实施方案，责任落实到每一名台区经理。加大电费回收跟踪分析和考核，严格执行责任追溯制，全面落实电费回收"问责制"，严抓、严管、严考核。

二、建立风险防范机制

落实"一户一策""一类一策"防范措施。所内管理人员根据辖区用电客户类别、用电特点等信息监控用户用电情况，及时掌握客户最新动态，防控电费回收风险。

三、监控远程费控系统，提醒客户交费

内勤人员做好辖区内智能交费用户实时监控工作，将停复电异常用户、预警和待停电状态用户的详细信息及时通知台区经理，台区经理在第一时间与客户取得联系并到现场检查原因，将问题解决后反馈供电所内勤人员。

四、建立客户走访机制

对存在风险客户每月深入调研用电情况、资金周转及产品销售情况，了解客户用电需求。结合走访调研情况，对客户欠费风险进行评估，一旦发现欠费隐患，立即启动预案，做到防患于未然。

五、做好电费催收工作

电费发行完毕后，立即开始电费催收工作，通过短信、电话、通知单（含电子）、上门服务等方式，提醒客户及时交费。

六、完成居民客户催收细节

对于临近回收周期的后付费客户、智能交费用户（预警、待停电状态），台区经理通过主动提醒、沟通的方式进行催缴，提升客户的用电体验，避免因欠费停电增加工作环节，避免投诉发生。如若采取停电措施，要严格执行停电工作流程，履行停电手续，并做好资料存档工作。

七、电费结零

在电费回收期前，实现营销系统结零，所内人员并按照电费账务业务规范，做好审核、达账工作，确保在途电费全部到账。

八、规范服务行为，杜绝投诉事件发生

在电费回收工作的每个环节，所内全体人员要严格执行业务

和优质服务规范流程，始终站在客户角度考虑问题，杜绝"催缴费、欠费停复电"等各类投诉事件的发生。

第五节 工作流程

电费回收工作流程如图 2-7-1 所示。

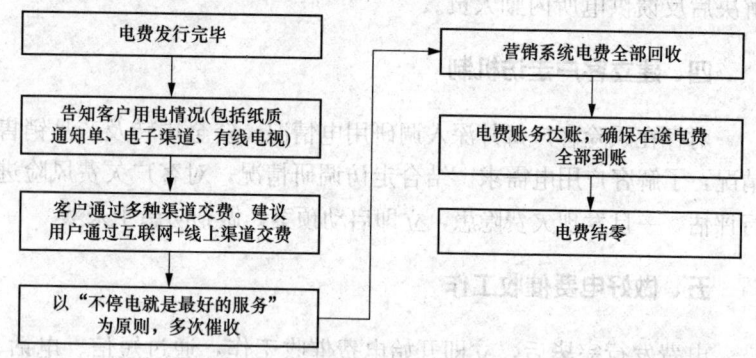

图 2-7-1 电费回收工作流程

第六节 补充说明及案例分析

一、补充说明

当月发行和累计发行电费必须实现 100% 全部回收。针对辖区内孤寡老人、五保户等特殊客户群体，要建立《特殊客户服务档案》定期开展上门服务工作，包括电费收取、客户产权线路义务检查、客户需求调研等方面工作。践行"你用电、我用心"服务宗旨，将优质服务工作落实到实际工作中。

二、案例分析

员工服务态度在催缴电费过程中引发的投诉。

【案例总体描述】 客户反映××供电所催收电费人员张××工作态度差，在2017年3月15日上门收取3月份电费时，要求客户缴纳61元，但实际客户欠费60.04元，客户不想缴纳61元，客户对此表示不满。

【关键词】 催缴电费、服务态度。

【事件经过】 用户兰××2017年3月份发生电费60.84元，预收费冲抵0.8元，欠费金额60.04元。抄催人员于3月15日到用户所在地进行催缴电费。因用户所在地无邮政代收点，距离供电所和最近的邮政代售点太远，为考虑用户缴纳电费方便，经村干部和供电所协商，建议由抄催人员每个月带上由供电所出具的"用户月欠费明细表"到村里进行代收，然后，到邻近村子的代收点进行缴纳，因邮政代售点不具备找零业务，所以建议该用户缴纳61元，余额0.96元存入其SG186账户中，但是用户只想缴纳60元。经抄催人员多次解释无效后，抄催人员产生不耐烦情绪，引起客户不满。

【事件暴露主要问题】 抄催人员服务素质差。

【防范措施及有关要求】 提高抄催人员服务素质，加强抄表员沟通技巧培训，加强电费抄核收的管理工作：①对抄催人员进行统一的业务培训，使员工能够熟练掌握本企业的相关政策和策略，这样，在与用户接触过程中能够快速准确地提供服务，同时，在用户情绪激动的情况下，也能够利用一些规定政策进行解释和分析，减少用户的不满和猜测；②提升抄催人员的服务意识：电力企业的每一名员工，应该本着服务的宗旨对待每一位用户，面对用户的询问，甚至责难时都应进行耐心的讲解，并始终保持谦恭的态度，不能与用户产生过激的行为；③制定优秀的管理措施和管理策略，具体责任落实到个人，出现问题时能够快速问责，同时进行必要的奖惩制度，通过企业文化的传播和弘扬，加强员工对企业的认同感，自觉把企业发展与自身的发展联系起来，树立企业是我家的文化观念。

第八章 电能替代

第一节 编制目的

为深入贯彻国家电网公司"以电代煤、以电代油、电从远方来"的发展战略,落实公司电能替代工作决策部署,优化终端能源消费结构,开拓电力市场,实现增供扩销,确保完成电能替代指标。

第二节 工作意义

实施电能替代是治理城市雾霾的有效措施。电能在终端消费环节的转换效率和排放明显优于煤和油,煤炭就地转化为电能并进行集中排污治理的环保效果明显优于分散燃烧,实现"电从远方来",在终端用能环节实施电能替代煤和油,能显著减少城市污染物排放,改善生活环境质量。实施电能替代是开拓售电市场、实现增供扩销的有效途径。大力实施电能替代,将电能替代作为公司增供扩销、拓展服务的重要举措,挖掘终端能源市场潜力需求,拓展市场发展空间,扩大公司市场占有,是公司稳定长远发展有效途径。

第三节 指导思想和工作目标

(1) 指导思想。积极倡导"以电代煤、以电代油、电从远方来"的能源消费新模式,充分发挥电能便捷、安全、清洁、高效等优势,面向终端能源消费市场,不断提高电能占终端能源消费比重,拓展公司售电市场增长空间,推进社会节能减排,缓解雾霾困扰，促进地区经济社会安全、高效、清洁发展。

（2）工作目标。以当前经济性好、应用便捷、社会易接受的替代技术为切入点，积极争取各级政府出台鼓励电能替代的环保、补贴等支持政策，在公司经营区域全面实施电能替代。

第四节 业 务 范 围

供电所辖区内电能替代宣传推广、市场调研、制定改造方案等市场专业相关工作。

第五节 工 作 内 容

一、宣传推广

（1）供电所内勤人员充分收集电能替代相关政策文件、电能替代技术、电能替代典型案例等资料，在营业厅进行展示宣传；编制年度宣传推广方案，通过开展宣传推广活动，提升居民对电能替代的认知度。

（2）供电所通过广播电视、微信微博、实体广告、农村集市、小区商场以及当地政府专题公众日等载体，全方位宣传"以电代煤、以电代油、电从远方来"的电能替代理念，及时组织传播公司在推进电能替代工作中的做法经验，积极营造舆论氛围。

（3）台区经理在进行用电检查、上门走访、抄表收费等日常工作时，将政府有利政策和先进的电能替代技术及时传递给客户，向客户宣传电能替代常识。

二、开展市场调研

（1）供电所建立居民用户"一村一策"档案，包括掌握农村数量、每村户数、每户燃煤消耗量、用户容量等信息，形成调研资料档案。

（2）供电所建立一般工商业用户"一户一策"档案，包括用户名称、燃煤设备、燃煤消耗量、燃油设备、燃油消耗量、供电容量、用户容量等信息，形成调研资料档案。

（3）台区经理走访用户，开展市场调研，为供电所内提供"一村一策"档案和"一户一策"档案需要的信息。

三、制定改造方案

（1）供电所根据用户档案信息为用户提供量身定制的设备选型、配套电网改造方案，实现电能替代项目"一站式"服务，让用户切实感受到应用电能便捷、安全、清洁的优势。

（2）台区经理负责现场勘察、收集用户安装场地、配电变压器容量等相关信息，为用户提供贴心的服务。

第六节 重点替代领域

一、内部示范工程

通过电能替代专项立项，实施重点项目示范工程。在供电所新建和改扩建的办公场所中全面推广热泵、蓄冷（热）、电锅炉、电采暖、电加热等技术，发挥示范引领作用，引导客户优先选用电能方式。

二、供冷（暖）领域

在供冷（暖）重点领域积极推动大型以电代煤（油、气）项目，包括商业、学校、宾馆、医院、办公楼、厂房等，依据各自特性大力推广热泵、蓄冷（热）、电锅炉、电采暖、电加热等电能替代技术，重点推动能耗高、效率低的燃煤小锅炉改造；研究集中供冷（热）替代分散式中小型燃煤锅炉技术，推动建设大型集中供冷（热）示范站。

三、生产领域

在各行业生产领域积极推动大型以电代煤（油、气）项目。开展电能替代可行性研究工作，大力推广电窑炉、电锅炉、电加热、农业排灌等电能替代技术。其中电窑炉重点推广领域为水泥、陶瓷、电子、新材料等行业，电加热、电锅炉重点推广领域为化工、冶金、医药等行业，逐步引导客户转变用能方式。

四、居民生活领域

积极推广"家庭电气化"，在城镇、农村地区推广"煤（油、气）改电"，变燃煤取暖为电采暖；推动房地产开发商在新建住宅建筑中推广应用电采暖、电炊具、家电设备，推动电气化小区建设；在居民出行领域推动电动车的使用，倡导"零排放"家庭生活；充分发挥公司营销网络优势，推广普及家电设备，促进居民生活用电增长。

第七节　电能替代工作流程

电能替代工作流程如图 2-8-1 所示。

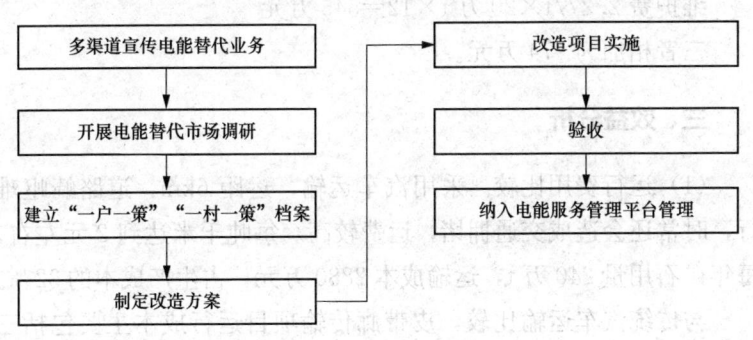

图 2-8-1　电能替代工作流程

第八节 案 例 分 析

承德宽城县天宝水泥有限公司皮带廊传输项目

一、基本情况

承德宽城县天宝水泥有限公司皮带廊传输项目，改造前采用汽车运输，运距 6km，道路崎岖难行，时常还会造成交通拥堵、运费较高。2012 年 5 月开始建设皮带廊输送项目，2013 年 2 月投产。采用 380V、600kW 电动机电源供电，运行成本主要包括三部分，分别是电费、人工费、维护费。

二、替代技术比较

（1）传统汽车运输费用为 2880 万元。

汽车运输 12 元/t×240 万 t（每年矿石用量）=2880 万元。

（2）皮带廊输送运行费用为 774 万元。

皮带廊输送运行成本主要包括三部分，分别是电费、人工费、维护费。

用电量 360 万 kWh×0.5407 元/kWh=195 万元

人工费 0.14 元/t×20 万 t×12=34 万元

维护费 2.27/t×20 万 t×12=545 万元

三者相加为 774 万元。

三、效益分析

（1）运行费用比较。采用汽车运输，运距 6km，道路崎岖难行，时常还会造成交通拥堵，运费较高。每吨千米达到 2 元左右，每年矿石用量 240 万 t，运输成本 2880 万元，占生产成本的 32%。

与传统汽车运输比较，皮带廊传输项目运行成本主要包括三部分，分别是电费、人工费、维护费，合计运行成本 774 万元，即为 3.21 元/t，约占总生产成本的 8.56%。生产成本大大降低，静态回收期四年。

（2）节能减排效果。每年节省并消纳清洁能源电量 360 万 kWh，避免了汽车运输排放二氧化碳 110t，以及无法估算的道路周边扬尘和噪声污染，真正达到污染物零排放。

四、潜力分析

由于皮带廊传输项目与传统汽车运输相比大大降低了企业的生产成本，减少大量污染物排放，有效改善了空气质量，建议在煤炭、冶金、交通、矿山、建材、电力、化工、粮食、饲料等行业广泛推广皮带廊传输技术应用。

第九章 分布式电源管理

第一节 编制目的

为促进分布式电源快速发展，规范分布式电源并网服务工作，提高分布式电源并网服务水平，践行国网公司"四个服务"宗旨及"欢迎、支持、服务"的要求，落实《关于做好分布式电源并网服务工作的意见（修订版）》《关于促进分布式电源并网管理工作的意见（修订版）》（国家电网办〔2013〕1781号）《国家电网公司分布式电源并网服务管理规则》（应用-准则10）等文件精神。

第二节 工作目标

按照"四个统一"、"便捷高效"和"一口对外"的基本原则，进一步整合服务资源，压缩管理层级，精简并网手续，并行业务环节，开辟"绿色通道"，加快分布式电源并网速度，向分布式电源业主提供"一口对外"优质服务。

第三节 业务范围

供电所辖区内分布式电源业务现场勘查、组织审查380（220）V接入系统方案、答复接入系统方案、安装计量装置、合同会签、组织380（220）V接入项目并网验收与调试、安排380（220）V接入项目并网运行等。

第四节 工 作 内 容

一、受理申请与现场勘查

供电所负责受理分布式电源业主并网申请。主动提供并网咨询服务，履行"一次性告知"义务，接受、核验并网申请资料，协助客户填写并网申请表，并于受理当日录入营销业务应用系统，同时相关申请资料存档；台区经理 2 个工作日内组织开展现场勘查，填写现场勘查工作单。

二、制订接入系统方案

供电所根据现场实际情况，与客户确认重要申请信息后，结合"典型接入系统方案模板"，与客户确定接入系统方案，台区经理将接入系统方案交由客户，将接入系统方案确认单由客户直接签字确认后存档。

三、安装计量装置

供电所根据"接入系统方案"为用户匹配相应的计量装置，计量装置配置应符合 DL/T 448—2016《电能计量装置技术管理规程》的要求。分布式电源的发电出口以及与公用电网的连接点均应安装电能计量装置，原则上应通过一套用电信息采集设备，实现对用户上、下网电量信息的自动采集。分布式电源并网运行信息采集及传输应满足《电力二次系统安全防护规定》等相关制度标准要求。计量表、用电信息采集设备均应集中安装在电能计量箱（柜）中，其中居民客户的所有计量表计须安装在便于管理的户外公共场所。台区经理负责电能计量表装置的安装工作。现场电能计量装置的计量屏（柜、箱）互感器二次接线盒、联合接线盒、电能表接线端钮盒均应实施专用封印，并签字认可。带有明显断开点及保护设备的发电计量箱应与台区经理统一调度管理，必须带有明显的光伏发电标志，与常规用电计量箱有明显区分。装表接电后留取现场电能表及计量装置的照片，必须留取电能表带电运行照片。

四、并网验收与调试

供电所组织相关专业开展项目并网验收及调试，出具并网验收意见，验收调试通过后直接转入并网运行。若验收调试不合格，提出整改方案。台区经理参与验收与调试工作。并网验收合格时要留取分布式电源整体工程照片，严格检查设备型号与递交材料一致性，并留取照片备查，避免发生现场设备与申报内容不一致情况。

五、签订合同与备案

供电所接收、审验、存档相关材料，流转至县供电企业运检部、调控中心。参照公司发布的参考合同文本办理发用电合同签订工作。将"并网申请表""接入系统方案""接入系统方案确认单""自然人补助资金申请表"等文件提交县供电公司，逐级上报备案。

第五节　380（220）V分布式电源并网服务流程

380（220）V分布式电源并网服务流程如图2-9-1所示。

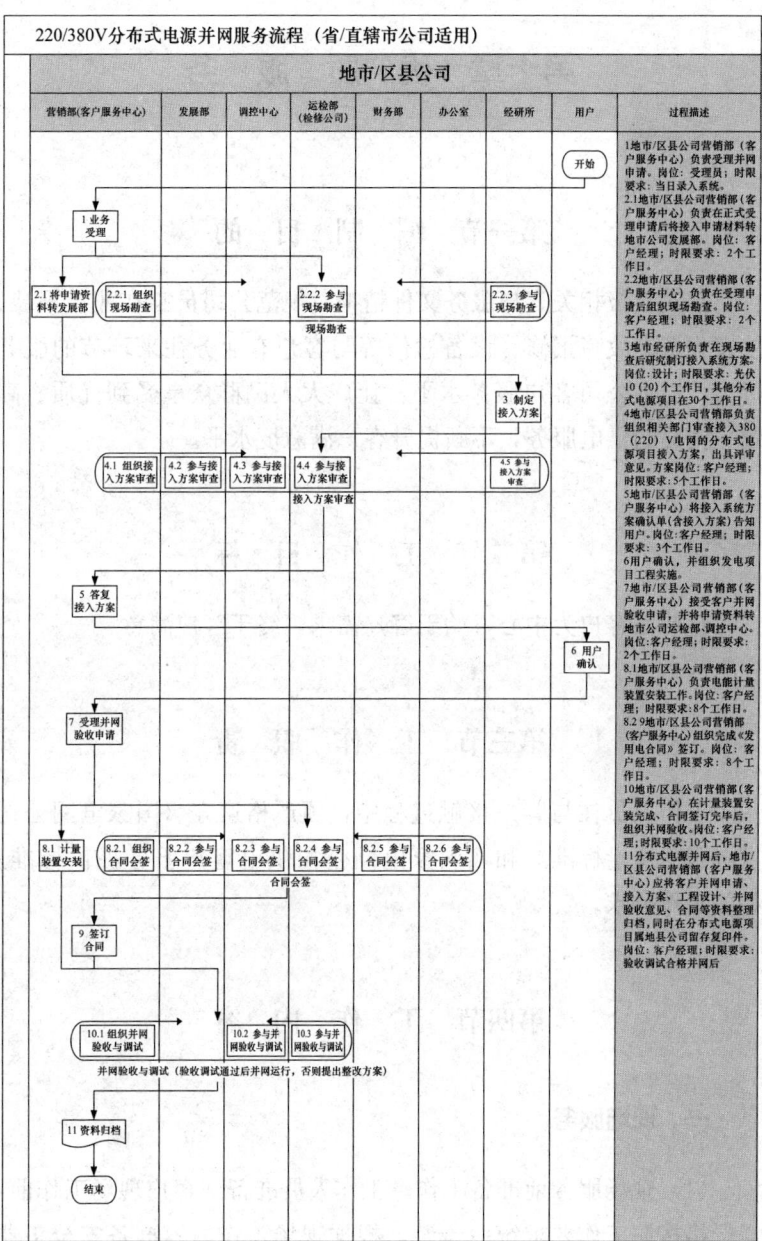

图 2-9-1 380（220）V 分布式电源并网服务流程

第十章 优质服务

第一节 编制目的

落实上级相关客户服务文件精神，规范公司员工在业扩报装、抄表收费、故障报修、设备检修等与客户有业务往来环节的服务行为，提高公司客户服务水平，让广大人民群众享受到优质、高效、便捷的供电服务，不断提升客户满意度水平。

第二节 工作目标

坚持以客户为中心，始于客户需求，终于客户满意。

第三节 工作职责

工作人员在与客户接触过程中，须严格遵守《国家电网公司供电服务质量标准》和《国家电网公司供电客户服务提供标准》相关工作要求。

第四节 工作内容

一、现场服务

（1）现场服务前准备工作。工作人员准备到客户现场工作前，需严格按照工作要求统一着装，根据现场工作内容准备安全工器具、备品备件。

(2) 客户现场服务工作要求。

1) 到达客户现场，需主动出示有效证件，表明身份。

2) 若客户为少数民族，工作人员需尊重客户少数民族风俗习惯。

3) 在客户现场进行作业过程中，需主动保持现场环境卫生，在作业完毕后，主动恢复现场环境。

4) 工作人员进入客户工作区域作业，需严格遵守客户工作区域安全、操作要求，避免发生危险。

5) 工作人员在与客户沟通过程中，需严格遵守服务规范要求，使用服务文明用语，避免出现语气强硬、用语不规范的情况发生。

6) 工作人员在与客户沟通过程中，需注意沟通技巧，若发现客户有潜在投诉意向或其他服务风险，应主动对服务过程进行录音、录像，以便维护自身权益。

二、电话服务

(1) 供电所对外公示电话号码对应电话应为录音电话。

(2) 工作人员在主动联系客户过程中，应在通话开始时首先表明身份，如"您好，我是××供电所工作人员，×××"。

(3) 工作人员在接听因公来电过程中，应使用电话文明用语，并在通话临结束前询问客户是否有其他诉求，等待客户挂断电话后结束通话。

(4) 工作人员在使用个人电话联系客户时，经预判或通话过程中发现客户有潜在服务风险，应主动使用录音功能，做好自我保护。

三、营业厅服务

(1) 营业厅人员按规定着装、佩戴工号牌，工作期间饰淡妆，不得佩戴夸张配饰，女士长发盘起、男士头发整洁不宜过长，不得穿凉鞋、拖鞋，不得挽袖、挽裤脚。

（2）营业前做好各项准备工作，营业桌牌摆放好，需短时间离开时放置暂停服务，长时间离开工位需请班长安排其他人员替班。

（3）贯彻执行"首问负责制""一次性告知""业务限时办结"等工作要求。

（4）接待客户时微笑、使用文明礼貌用语，如业务较少时，接待客户需起立并示意客户坐下办理业务。如业务较多，在办理客户业务时可示意后面的客户稍等，做到"办一、看二、招呼三"。

（5）营业人员正在处理工作或接听电话时，如有客户办理业务，应坚持"先外后内"的原则，如工作很重要或是客户来电咨询，要微笑、礼貌的示意客户稍候。

（6）收取客户电费或其他费用时应唱收唱付，避免收费出现差错。客户打印票据时要认真核对客户信息，避免票据出错。

（7）客户离开时，如没有其他业务办理，要起身相送，并应有结束语"您慢走"、"再见"。

四、客户服务工作 "四个" 禁止

（1）禁止在客户服务过程中违规收费。

（2）禁止在客户服务过程中出现吃、拿、卡、要情况。

（3）若客户现场需第三方施工，禁止工作人员为客户指定施工单位。

（4）禁止推诿、搪塞客户合理诉求。

第五节 补充说明及案例分析

一、补充说明

（1）建议供电所结合属地实际情况，针对产业特点、用电客户情况，开展精准化服务工作，进一步深化客户服务工作，形成

本供电所特色服务。

（2）供电所应定期对所内工作人员就客户服务工作进行培训，有效提升本所客户服务水平。

（3）对客户服务典型问题或事件，应进行总结分析，在供电所内进行全员学习，避免类似问题重复发生。

二、案例分析

【例2-10-1】 抢修延误工期引客户不满。

【案例描述】 客户在95598热线回访过程中，表示抢修工作人员因抢修工具携带不全，延误抢修速度，给客户用电带来不便，95598坐席人员经研判，认为抢修工作人员存在工作不规范情况，对责任单位派发投诉工单。经核实，抢修工作人员经现场检查发现，客户处故障点为供电单位产权，需更换电器元件，由于元件准备不足，回供电所取，确实存在延误修复情况，且在离开客户现场前，客户表示耽误其做饭了。

【暴露问题】 ①抢修人员在到客户现场进行抢修工作之前，未按工作要求准备抢修工具，致使往返供电所拿取抢修工具，延误故障修复；②在发现客户因故障处理时间长存在不满情绪时，未进行及时有效的安抚。

【整改建议】（1）工作人员准备到客户现场工作前，需严格按照工作内容准备安全工器具、备品备件。

（2）在发现客户有不满情绪、存在服务风险的时候，及时进行有效安抚。

【例2-10-2】 客户对电费突增有异议。

【案例描述】 供电公司工作人员张某在抄表例日发行电费过程中，发现客户赵某计量表计远程抄录电量为0，到客户处进行现场抄录并检查表计，由于计量表计在客户院内，客户不在家，无法进行抄录和检查。经与电话客户沟通，客户表示近期出差在外，无法配合工作人员工作，工作人员告知客户，待其回家后联

161

系工作人员进行处理。两个月后客户联系工作人员进行处理，经现场检查发现表计故障，客户处虽正常用电，但表计示数无法实现远程抄录，需换表，工作人员在换表完成后随即离开，在下月对之前的电量电费进行补发。客户对电量电费高突增有异议。

【暴露问题】 ①工作人员服务风险防控意识不足，在遇有电量电费等客户较敏感的问题时，未能提前做好通话录音等相关佐证材料留存工作；②未就补发电量电费情况对客户做好解释说明工作。

【整改建议】 ①工作人员在服务过程中，针对客户较敏感问题的处理应有意识的留存相关材料，在做到规范处理业务的同时做好自我保护工作；②对于客户不了解的用电问题处理，应及时做好解释说明工作，避免不必要的误会。

【例 2-10-3】 口头受理业扩超时限。

【案例描述】 供电公司工作人员张某在赶往客户现场抢修的路上偶遇同村村民赵某，赵某表示由于生产经营需要申请三相电，由于两人比较熟悉，考虑到抢修到达客户现场有时限要求，工作人员张某回答"没问题"之后匆匆离开。赵某之后未再次联系工作人员张某，在半个月后拨打"95598"咨询办电事宜，咨询过程中提起之前与工作人员张某的对话，坐席人员经研判，认为工作人员张某在为客户处理业务过程中，存在处置不当，导致客户业扩报装超时限，下发投诉工单。

【暴露问题】 工作人员在处理客户诉求的过程中，存在口头受理客户诉求且答复不严谨现象，在受理客户诉求且诉求未处理的情况下，未及时跟进处理引发客户投诉。

【整改建议】 ①供电所内工作人员与辖区用电客户多为邻里或同村关系，故在受理客户诉求过程中，容易因关系熟络导致业务表达随意，造成答复不严谨的情况。工作人员在处理客户诉求过程中，应端正工作态度，严格按照相关规定、要求对客户咨询进行规范答复；②在了解到客户诉求后，应按规定时限要求处理，针对短时间内无法答复或处理完毕的情况，工作人员应主动进行跟进，将了解情况告知客户。

【例2-10-4】 欠费停电工作不规范。

【案例描述】 客户表示其家中停电，经自行排查后发现停电原因为表下线路被拔引起，拨打95598进行报修。工作人员在接到报修工单后，知道客户是因欠费被实施停电，故未到客户现场，仅用个人电话告知客户是欠费停电。在通话过程中，工作人员电话有其他号码打进来，工作人员匆匆挂断电话。

【暴露问题】 ①欠费停电工作不规范，在客户欠费需执行停电时，未在营销业务系统内维护停电标识，坐席人员因不了解客户现场停电情况，无法进行有效解答；②在对客户现场实施欠费停电前，未按要求对客户进行告知；③工作人员在电话联系客户过程中，服务不规范，未能向客户解释清楚，主动挂断电话，给客户造成不良服务感知。

【整改建议】 ①严格按照欠费停复电工作要求开展相关工作，做好系统录入、客户告知等相关工作；②规范电话服务，在通话过程中不主动挂断电话，并在通话结束前询问客户是否有其他用电问题需要处理。

第十一章 配电运检

第一节 编制目的

为了指导供电所进一步加强配电网运行管理工作，提高配电网精益化工作水平，推进配电自动化建设进度，强化配电网设备的巡视检查，开展带电检测和状态评价，实施配电网状态管理。

第二节 工作目标

应用带电检测、在线监测等手段，及时、动态地了解和掌握各类配网设备的运行状态，结合配电设备在电网中的重要程度以及不同季节、环境特点，采用定期与非定期巡视检查相结合的方法，确保工作有序、高效。

第三节 业务范围

辖区内配网设备运行、检修工作。

第四节 工作内容

一、巡视检查的一般要求

（1）供电所应结合设备运行状况和气候、环境变化情况以及上级生产管理部门的要求，制定切实可行的管理办法，编制计划并合理安排线路、设备的巡视检查（以下简称巡视）工作，上级生产管理部门应对运行单位开展的巡视工作进行监督与考核。

(2) 巡视周期。定期巡视的周期见表 2-11-1，根据设备状态评价结果对该设备的定期巡视周期可动态调整，架空线路通道与电缆线路通道的定期巡视周期不得延长。

表 2-11-1　　　　　　　　定 期 巡 视 周 期

序号	巡视对象	周期
1	架空线路通道	市区：一个月 郊区及农村：一个季度
2	电缆线路通道	一个月
3	架空线路、柱上开关设备、柱上变压器、柱上电容器	市区：一个月 郊区及农村：一个季度
4	电缆线路	一个季度
5	中压开关站、环网单元	一个季度
6	配电室、箱式变电站	一个季度
7	防雷与接地装置	与主设备相同
8	配电终端、直流电源	与主设备相同

二、配电设备状态管理

(1) 供电所应根据国家电力设施保护相关法律法规及公司有关规定，结合本单位实际情况，制定配电线路防护措施。

(2) 运行单位应加强与政府规划、市政等有关部门的沟通，及时收集本地区的规划建设、施工等信息，及时掌握外部环境的动态情况与线路通道内的施工情况，全面掌控其施工状态。

(3) 供电所应加大防护宣传，提高公民保护电力设施重要性的认识，定期组织召开防外力破坏工作宣传会，防止各类外力破坏，及时发现并消除缺陷和隐患。

(4) 经同意在线路保护范围内施工的，供电所须严格审查施工方案，制定安全防护措施，并与施工单位签订保护协议书，明确双方职责；施工前应对施工方进行交底，包括路径走向、架设高度、埋设深度、保护设施等；施工期间应安排运行人员到现场检查防护措施，必要时进行现场监护。

（5）对未经同意在线路保护范围内进行的施工行为，供电所应立即进行劝阻、制止，及时对施工现场进行拍照记录，发送防护通知书，必要时应向有关部门报告，可能危及线路安全时应进行现场监护。

（6）当线路发生外力破坏时，应保护现场，留取原始资料，及时向有关管理部门汇报，对于造成电力设施损坏或事故的，应按有关规定索赔或提请公安、司法机关依法处理。

（7）供电所应定期对外力破坏防护工作进行总结分析，制定相应防范措施。

三、配电网设备检修管理工作

乡镇供电所根据配电网设备的状态评价结果和综合分析，适时做好配电网设备检修工作，做到"应修必修、修必修好"，使配电网设备处于健康状态。

1. 检修前准备

技术员根据配电网设备的状态评价结果，按照要求，确定检修项目，制定设备检修年度工作计划，经所长审核后上报运检部审批立项。配电网设备检修应尽可能采用不停电作业的方式，提高用户供电可靠性。检修单位应根据检修工作内容组织工作票签发人和工作负责人进行现场勘察，现场勘察应查看检修作业现场的设备状况、作业环境、危险点、危险源及交叉跨越情况等，并做好现场勘察记录。

2. 设备检修

设备检修均应按标准化管理规定，编制符合现场实际、操作性强的作业指导书，组织检修人员学习并贯彻执行。正常状态设备的停电检修按 C 类检修项目执行，检修周期为原则上特别重要设备 6 年 1 次，重要设备 10 年 1 次，异常状态设备的停电检修应根据具体情况及时安排，严重状态设备的停电检修应根据具体情况限时安排，必要时立即安排，同一停电范围内某个设备需停电检修时，相应其他的设备宜同时安排停电检修，因故提前检修且需相应配网设备陪停时，如检修时间提前不超过两年宜同时安排检修。

现场检修时应根据《国家电网公司电力安全工作规程（配电部分）》的相关规定和程序落实好组织、技术、安全措施，并根据不同情形的作业流程开展工作。

3. 资料归档

技术员对检修项目的设备台账进行更新，对检修工程资料进行归档。

四、故障处理

1. 故障处理的原则

故障处理应遵循保人身、保电网、保设备的原则，尽快查明故障地点和原因，消除故障根源，防止故障的扩大，及时恢复用户供电。

（1）采取措施防止行人接近故障线路和设备，避免发生人身伤亡事故。

（2）尽量缩小故障停电范围和减少故障损失。

（3）多处故障时处理顺序是先主干线后分支线，先公用变压器后专用变压器。

（4）对故障停电用户恢复供电顺序为：先重要用户后一般用户，优先恢复一、二级负荷用户供电。

2. 故障处理的要求

（1）线路上的熔断器熔断或柱上断路器跳闸后，不得盲目试送，应详细检查线路和有关设备（对装有故障指示器的线路，应先查看故障指示器，以快速确定方向），确无问题后方可恢复送电。

（2）已发现的短路故障修复后，应检查故障点前后的连接点

（跳挡、搭头线），确无问题方可恢复供电。

（3）中性点小电流接地系统发生永久性接地故障时，应先确认故障线路，然后可用柱上开关或其他设备（负荷开关、跌落熔断器需校验开断接地电流能力，否则应停电操作）分段选出故障段。

（4）电缆线路发生故障，根据线路跳闸、故障测距和故障寻址器动作等信息，对故障点位置进行初步判断，故障电缆段查出后，应将其与其他带电设备隔离，并做好满足故障点测寻及处理的安全措施，故障点经初步测定后，在精确定位前应与电缆路径图仔细核对，必要时应用电缆路径仪探测确定其准确路径。

（5）锯断故障电缆前应与电缆走向图进行核对，必要时使用专用仪器进行确认，在保证电缆导体可靠接地后，方可工作。

（6）电缆线路发生故障，在故障未开展修复前应对故障点进行适当的保护，避免因雨水、潮气等影响使电缆绝缘受损。故障电缆修复前应检查电缆受潮情况，如有进水或受潮，必须采取去潮措施或切除受潮线段。在确认电缆未受潮、分段绝缘合格后，方可进行故障部位修复。

（7）电缆线路故障处理前后都应由有试验资质的单位进行相关试验，以保证故障点全部排除及处理完好。

（8）变压器一次熔丝熔断时，应详细检查一次侧设备及变压器，无问题后方可送电；一次熔丝两相熔断时，除应详细检查一次侧设备及变压器外，还应检查低压出线以下设备的情况，确认无故障后才能送电。

（9）变压器、多油断路器等发生冒油、冒烟或外壳过热现象时，应断开电源，待冷却后处理。

（10）配电变压器的上一级开关跳闸，应由有试验资质的单位对配电变压器进行外部检查和内部测试后才可恢复供电。

（11）中压开关站、环网单元母线电压互感器发生异常情况

（如冒烟、内部放电等），应先用开关切断该电压互感器所在母线的电源，然后隔离故障电压互感器。不得直接拉开该电压互感器的电源隔离开关，其二次侧不得与正常运行的电压互感器二次侧并列。

（12）中压开关站、环网单元母线避雷器发生异常情况（如内部有异声）的处理方法同母线电压互感器故障处理方法。

（13）操作开关柜、环网柜内六氟化硫开关时应检查气压表，在发现 SF_6 气压表指示为零时，应停止操作并立即汇报，等候处理。

（14）线路故障跳闸但重合闸成功，运行单位必须尽快查明故障原因。

（15）电气设备发生火灾时，运行人员应首先设法切断电源，然后再进行灭火。

五、运行技术管理

1. 运行资料管理一般要求

运行资料管理是配电网运行管理的基础，各运行单位应积极应用各类信息化手段，加强运行资料管理，确保资料的及时性、准确性、完整性、唯一性；各单位应结合生产管理系统逐步统一各类资料的格式与管理流程，实现规范化与标准化。除档案管理有特别要求外，各类资料的保存方式应向无纸化方向发展。

2. 验收管理

配电网新扩建、改造、检修工作的验收应按照国家、行业及公司等相关验收规范内容与要求进行。

（1）验收分为中间验收和竣工验收。验收工作重点检查设备图纸、资料，安装记录和试验报告，设备及系统的整体性能，安全设施及防护装置等。验收中确认的缺陷，应由检修、施工单位在投运前处理完毕。

（2）运行人员应参加对配电网新扩建、改造、检修等项目的验收，并积极介入项目规划方案、设计审查、设备选型等全过程管理。

（3）配电网新扩建、改造、检修工作结束后，运行人员应及时掌握并记录设备变更、试验、检修情况以及运行中应注意的事项，明确设备是否合格、是否可以投入运行的结论，并在各种资料、图纸齐全、手续完备、现场验收合格的情况下，予以投入运行。

六、缺陷及隐患管理

（1）运行单位应制定缺陷及隐患管理流程，对缺陷及隐患实行上报、定性、处理和验收等全过程闭环管理。

（2）运行单位应建立缺陷及隐患管理台账，及时更新核对，保证台账与实际相符。

（3）缺陷的分类原则。

1）一般缺陷。设备本身及周围环境出现不正常情况，一般不威胁设备的安全运行，可列入卡季检修计划或日常维护工作中处理的缺陷。

2）严重缺陷。设备处于异常状态，可能发展为事故，但设备仍可在一定时间内继续运行，须加强监视并进行检修处理的缺陷。

3）危急缺陷。严重威胁设备的安全运行，不及时处理，随时有可能导致事故的发生，须尽快消除或采取必要的安全技术措施进行处理的缺陷。

（4）缺陷管理的流程。运行发现—缺陷定级—上报管理部门—安排检修计划—检修消缺—运行验收，形成闭环缺陷管理资料应归档保存；缺陷管理实行网上流转的，也应按以上闭环管理流程从网上进行流转管理。

（5）紧急（危急）缺陷消除时间不得超过 24 小时，重大（严重）缺陷应在 30 天内消除，一般缺陷可结合检修计划尽早消除，但应处于可控状态。

（6）设备带缺陷运行期间，运行单位应加强监视，必要时制定相应应急措施。

（7）运行单位定期开展缺陷统计分析工作，及时掌握缺陷消除情况和缺陷产生的原因，采取相应措施。

（8）事故隐患排查治理应纳入日常工作中，按照（排查）发现—评估—报告—治理（控制）—验收—销号的流程形成闭环管理。

（9）根据可能造成的事故后果，事故隐患分为重大事故隐患和一般事故隐患两级。

1）重大事故隐患。是指可能造成人身死亡事故，重大及以上电网、设备事故，由于供电导致重要电力用户严重生产事故的事故隐患。

2）一般事故隐患。是指可能造成人身重伤事故，一般电网和设备事故的事故隐患。

七、运行分析

（1）根据配电网管理工作、运行情况、巡视结果、状态评价等信息对配电网进行运行分析，对运行工作中出现的带有共性的问题进行有针对性地分析，提出解决办法，提高运行管理水平。

（2）通过运行分析，运行单位应对存在的问题进行分类，并结合配电网基建、技改、大修项目制定整改计划。

（3）配电网运行分析内容应包括：运行管理工作分析、运行情况分析、缺陷及故障分析以及负荷分析等。

（4）配电网运行分析周期为每月一次。

八、标志标识

（1）配电网设备设施的标志标识，应符合电力安全工作规程要求，保证电力安全运行需要。

（2）所有已投运的配电设备应具有正确齐全的设备标识，同一调度权限范围内，设备名称及编号应唯一。

（3）标识规范应按照国家电网有限公司统一的技术规范要求执行。

（4）配电线路及设备的现场标识牌、警示牌应完好、齐全、清晰、规范，装设位置明显、直观，缺损时应及时补充和恢复。

（5）新建和改造的配电设备应在投运前完善相关的标志标识。

九、电压及无功管理

（1）20、10kV 三相供电电压允许偏差为额定电压的±7%。

（2）配电变压器（含配电室、箱式变电站、柱上变压器）安装无功自动补偿装置时，应符合下列规定：

在低压侧母线上装设，容量按配电变压器容量 20%~40% 考虑。

1）以电压为约束条件，根据无功需量进行分组自动投切。

2）宜采用交流接触器—晶闸管复合投切方式。

3）合理选择配电变压器分接头，避免电压过高电容器无法投入运行。

（3）在供电距离远、功率因数低的架空线路上可适当安装具备自动投切功能的并联补偿电容器，其容量（包括用户）一般按线路上配电变压器总量的 7%~10% 配置（或经计算确定），但不应在负荷低谷时向系统倒送无功；柱上电容器的保护熔丝可按电容器的额定电流的 1.2~1.3 倍进行整定。

（4）电压监测点的数量不应少于规定点数，监测点电压每月抄录或采集一次。电压监测点宜按出线首尾成对设置。

十、负荷管理

（1）配电网负荷管理优先考虑设备的安全性，兼顾经济性，配电线路、设备严禁长期超载运行，线路、设备重载（按线路、设备限额电流值的 70%考虑）时，应加强运行监督，及时分流。

(2) 运行单位应通过各种手段定期收集配电线路、设备的实际负荷情况，为配电网运行分析提供依据，重负荷时期应缩短收集周期。

(3) 配电变压器运行应经济，年最大负载率不宜低于 50%，季节性用电的专用变压器，应在无负荷季节停止运行；两台并（分）列运行的变压器，在低负荷季节里，当一台变压器能够满足负荷需求时，应将另一台退出运行。

(4) 变压器的三相负荷应力求平衡，不平衡度不应大于 15%，只带少量单相负荷的三相变压器，中性线电流不应超过额定电流的 25%，不符合上述规定时，应及时调整负荷；不平衡度宜按（最大电流-最小电流）/最大电流×100% 的方式计算。

(5) 变压器熔丝选择，应按熔丝的安—秒特性曲线选定。

(6) 单相配电变压器布点均应遵循三相平衡的原则，按各相间轮流分布，尽可能消除中压三相系统不平衡。

十一、配电终端管理

(1) 配电终端运行维护人员应定期对终端设备进行巡视、检查、记录，发现异常情况及时处理并做好记录。

(2) 配电终端应建立设备的台账（卡）、设备缺陷、测试数据等记录。

(3) 配电终端进行运行维护时，如可能会影响到调度员正常工作时，应提前通知当值调度员，获得准许并办理有关手续后方可进行。

(4) 配电自动化系统和设备的计划检修应与一次设备的计划检修一同编制和上报，由设备管理部负责审核和批复。

(5) 凡是涉及影响自动化系统和设备正常运行的临时检修应办理自动化设备检修申请。该申请至少应在工作前 4 小时提出，应由检修部门的负责专工提出，报设备管理部，经批准后方可实施。

(6) 配电自动化系统或设备发生故障后，运行维护人员应立即进行处理，并及时通知设备管理部，处理故障工作属于故障检修。故障处理后应写出故障分析报告，详细记录故障现象、原因及处理过程，并归档保存。

(7) 检修工作完成后，主站及站端运维人员应核实无误后方可办理工作终结离开现场。

(8) 配电自动化系统运维单位应针对可能出现的故障，制定应急预案和处理流程。

(9) 配电自动化严重、危急缺陷发生后，缺陷发起单位要第一时间通知设备管理部管理人员。

(10) 当发生的缺陷威胁到其他系统或一次设备正常运行时，运维单位应及时采取有效的安全技术措施进行隔离。

(11) 缺陷消除前，设备运维单位应对该设备加强监视，防止缺陷升级。

十二、工作票管理工作

工作票管理应严格遵守《国家电网公司电力安全工作规程（配电部分）（试行）》等有关规定，规范作业流程和内容，保证人身、设备安全，防止电力事故的发生。

1. 工作票分类

根据工作现场、设备电压等级的高低，是否需要采取停电措施等不同情况，配电工作票分为配电第一种工作票、配电第二种工作票、配电带电作业工作票、低压工作票、电能表带电作业装（拆）工作票、配电故障紧急抢修单、其他书面记录或口头、电话命令执行。

2. 工作准备

(1) 所长（分管副所长）。根据供电所工作计划，确定相关班组执行检修（施工）工作。供电服务班班长根据分配到的任务，编制具体检修（施工）方案，确定工作票签发人、工作负责人、工作许可人。

(2) 工作票签发人或工作负责人。在检修(施工)工作实施前开展现场勘察工作,进行危险点分析和预控,制定现场安全措施和注意事项,作为填写、签发工作票等的依据。工作负责人或工作票签发人根据现场勘查结果,完成工作票填写。工作票签发人确认检修(施工)工作的必要性和安全性,确认工作票上所列安全措施正确完备,确认所派工作负责人和工作班成员适当、充足,并完成工作票签发。

(3) 工作负责人、工作班成员。根据工作票内容分别做好施工工器具、安全工器具、个人防护用品、材料和工程车辆等检修(施工)工作前的准备。

3. 现场作业

工作许可人完成工作票所列由其负责的停电、验电、装设接地线等现场安全措施。并对现场安全技术措施进行检查,确认符合安全要求后,向工作负责人许可工作。工作负责人作业前召开站班会,进行现场交底,完成"三交三查"(交工作任务、交作业风险、交预控措施、查工作着装、查精神状态、查安全用具)后,并履行签名确认手续后下达开始工作的命令。工作班成员根据工作票工作内容和工作分工,实施工作任务。

工作负责人进行完工检查和验收(工作质量、现场设备上没有遗漏工器具、确认人员撤离线杆、命令拆除接地线、检查现场文明施工等)。如果检查通过,则向工作许可人报告,完成工作票终结。如检查不通过需要整改,或在计划工作时间内无法完成,需要延期的,则进行办理延期手续。

4. 总结归档

安全员对执行的工作票进行评价和存档工作,已终结的工作票(含工作任务单)、故障紧急抢修单、现场勘察记录至少应保存壹年。

工作票管理工作流程如图 2-11-1 所示。

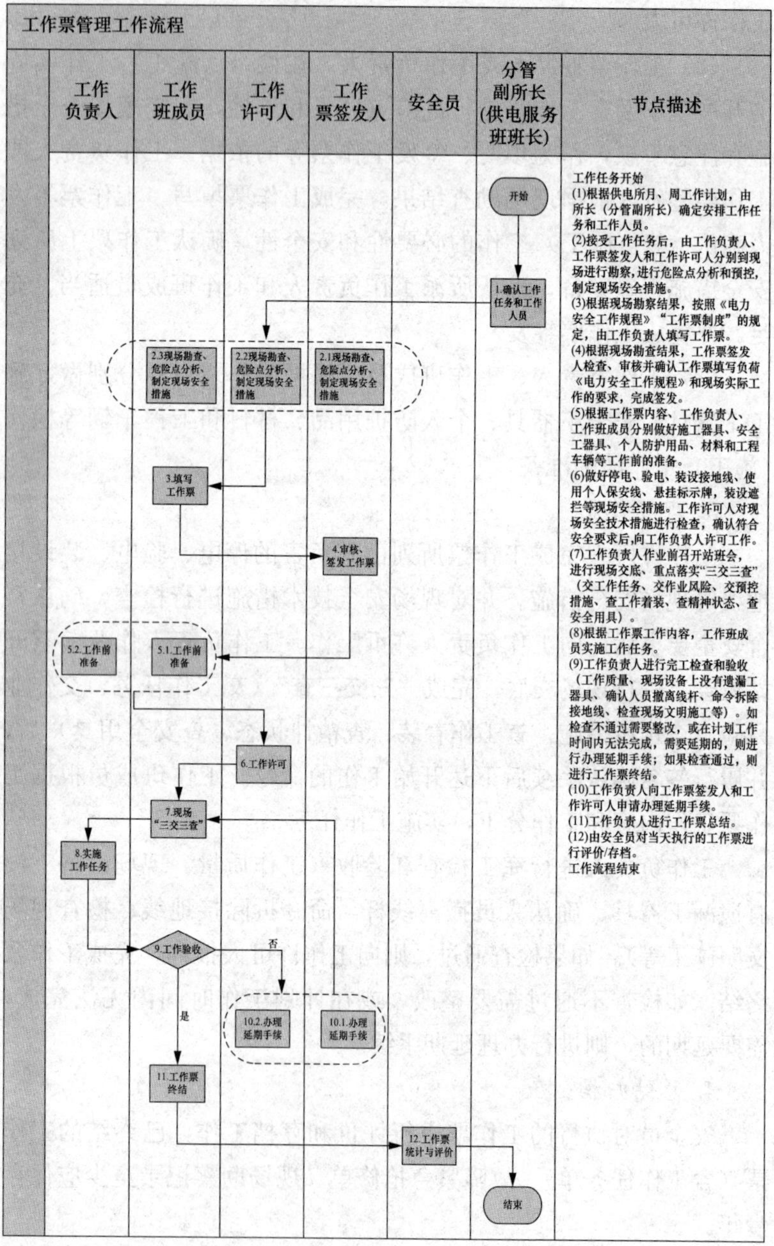

图 2-11-1 工作票管理工作流程

十三、备品备件管理工作

备品备件是乡镇供电所为及时处理各种电网故障,提高供电可靠性而储备的一定数量的供电设备、部件、材料和配件,确保满足及时消除设备缺陷、快速抢修事故、缩短停电时间的需要。

(1) 定额核定。乡镇供电所的备品备件定额是指在一定生产技术和管理条件下,为保证生产建设顺利进行必须的和符合经济合理的物资储备数量的标准。定额可根据供电所辖区历年运行的设备健康状况及检修经验,由供电所编制,报上级主管部门审批,或直接由上级部门核定。

(2) 计划制定。物资员根据供电所备品备件使用和库存情况,每年初提出并编制备品备件需求。供电服务班班长、技术员初审物资员编制的备品备件需求,保证备品备件随时可以使用,使用后库存量满足定额要求。所长(分管副所长)对备品备件需求表进行审核,并提交相关部门审批、采购。

(3) 入库登记。物资员应及时向上级物资部门领用备品备件,做好现场型号、质量、数量核对和签字登记,完成备品备件入库,履行入库手续,并妥善保管有关生产厂家的合格证,图纸等资料,验收不合格的备品备件不能入库,备品备件应单独建账分类存放。

(4) 日常管理。物资员履行备品、备件所内部领用、回退手续。备品、备件的领用、回退,必须有所领导或检修(施工)工作负责人(许可人)签字及填写使用原因,并完成型号、质量、数量核对后,方可完成领用工作,并根据工程的实际使用情况完成材料回退工作。

物资员应对备品、备件的质量和数量定期检查,检查中发现质量不合格的备品、备件应及时清理,如数量不满足备品、备件定额要求,应及时向技术员和供电服务班班长反馈,并编制补充需求。供电服务班班长、技术员结合近期检修(施工)计划,初审备品、备件补充需求,并由所长(分管副所长)对补充需求计划进行审核,并提交相关部门审批、采购。

第十二章　PMS 系统应用

第一节　编　制　目　的

为了指导供电所正确并熟练使用 PMS 系统，解决日常工作过程中在系统维护、电网图形管理和电网台账管理中遇到的问题，提高供电所基层班组对 PMS2.0 数据治理的效率。

第二节　工　作　目　标

按照"谁维护谁录入、谁录入谁负责"的原则，常态化推进 PMS 系统中相关数据治理，实现"设备台账与图形一致、系统数据与现场一致、不同业务系统间数据一致"的配电网基础数据治理目标，促进配电网基础数据质量、精益化管理水平持续提升。

第三节　业　务　范　围

供电所配电设备信息系统运行维护。

第四节　工　作　内　容

一、PMS 系统维护

1. 设备新增

设备投运前 30 个工作日，项目管理部门负责依据运检部要求提供全部设备清册，生产运维人员核对后录入系统。设备投运前完成设备台账全部属性的填写工作，设备名称须与调度命名一致，并向本单位信息专责报送录入情况，信息专责将新增设备明细上报设备管理部备案。

2. 设备变更

设备变更由运维班组人员发起变更申请，由班组长审核变更需求申请。审核通过后，本单位专业专责需组织运维班组于3个工作日内完成设备变更信息的修改工作，并完成数据准确性审核，同时向本单位信息专责提交数据修改申请单（见表2-12-1）。设备信息变更完成后，由本单位信息专责向运维组和电科院报送数据修改申请单和变更后的设备信息明细备案。

表 2-12-1　　　　　　数 据 修 改 申 请 单

申请人			单位	
联络方式			申请时间	
修改原因	问题分析：			
	解决方案：			
	修改数据明细：			
审核	专业负责人			

3. 权限的变更

如发生人员岗位变动，相应系统权限须一同变更。由变更人员的部门向本单位信息专责或信息负责人提出权限变更申请（见表2-12-2），信息专责审核后，将权限变更申请单提交运维组，同时报送公司设备管理部和电科院备案，由运维组进行权限变更工作。

表 2-12-2　　　　　　　权 限 变 更 申 请 单

编号：

申请部门（中心）填写	申请人		部门（中心）		申请时间	
	员工身份		联系方式		邮箱地址	
	申请业务类型	账号： √新增　□修改 □删除		账号类型： √长期 □临时	权限： □增加　□删除 □修改　√查询	
	申请原因					
	申请系统权限详细说明	信息系统名称：PMS2.0				
		账号： √新增　填写新增账号： yyzx-yx（对应营销业务应用系统）、yyzx-yc（对应用电信息采集系统）、yyzx-nx（对应电能服务管理平台） □删除　原账号： □修改　原账号： 　　　　新账号：			权限： □增加 □删除 □修改 √查询 营销业务应用系统、用电信息采集系统和电能服务管理平台在营销基础数据平台中所有数据的查询权限 □其他	
	申请人员所在部门意见			（签字及盖章）		
信息系统归口管理部门填写	信息系统归口管理部门意见			（签字及盖章）		
信息系统运行维护单位填写	信息系统运行维护单位意见			（签字及盖章）		
	操作人员签字					

二、PMS 电网图形管理

当图形发生变更时,由运维人员发起设备变更申请,依据变更资料及变更设备的地理位置,完成电网变更设备的电网图形维护。主网电网图形提交班组长审核发布,配网电网图形提交给配网调度审核发布,具体要求如下:

(1) 新投电站/线路。各运维单位在投运前 7 个工作日,完成电站站内一次接线图(仓位图)/线路地理图信息(单线图、电系联络图、全网图)的维护及审核工作,投运前发布,不发布图形如线路、杆塔、电缆等设备无法生成台账。

(2) 新投具备电系铭牌的设备。各运维单位需提前完成电系铭牌申请,在设备维护时选择已批复的电系铭牌,实现调度铭牌和设备图形的关联,无电系铭牌的设备由各运维单位直接进行图形绘制,实现电网图形与设备台账的关联。

(3) 新投低压设备。按照运检与营销维护分界点进行维护,进户电源侧的图形由运检人员维护;用户侧的图形由营销进行维护,运检与营销的分界点以用户接入点的形式进行维护。

(4) 新投生产辅助设施。图形在设备投运后 10 个工作日内完成维护、审核工作。

(5) 设备退役须从电网图形中退出,再由设备主任执行退役处理。

三、PMS 电网台账管理

设备台账主要包括站内交直流一次设备、线路设备、站内二次设备、低压设备、生产辅助设施等。当设备新增、设备更换、设备退出以及接线方式变更时,由运维人员发起设备变更申请;设备新增流程结束后,通过实物资产管理同步新增设备至 SAP 系统完成转资工作,主要要求如下:

(1) 设备台账维护时,严格按照《设备(资产)运维精益管理系统设备参数规范》要求填写具体台账参数。如该设备出厂铭牌参数中标商已通过电子商务平台填写，可根据设备运行信息关联通过电子商务平台生成的设备清册，自动根据获取设备台账参数、设备试验报告及设备监造报告信息。针对系统中无对应生产厂家、设备型号等情况，应设备投运前通过标准数据管理及时进行系统流转，完善系统信息。

（2）新投电站/线路，各运维单位在投运前 7 个工作日完成电站/线路信息的维护及审核工作，在投运当天完成发布及调度确认，并在投运后 3 个工作日内完成站内一次设备、线路设备的初始化工作。

（3）新投具备调度铭牌的设备，设备主人需提前完成调度铭牌申请，在设备维护时选择已批复的调度铭牌，实现设备和调度铭牌、设备图形的关联。

（4）新投站内一次间隔，在间隔单元投运前 5 个工作日完成间隔单元新增。

（5）新投线路设备，在维护图形时同步创建设备台账，设备主人在设备投运后 3 个工作日内完成设备详细参数维护。

（6）新投站内控制及保护装置（系统），设备主人在间隔单元维护后 10 个工作日内完成维护、审核工作。

（7）新投自动化设备，设备主人在设备投运后 10 个工作日内完成维护、审核工作。

（8）新投低压设备，运检与营销以表箱为分界点，表箱以上设备为运检人员维护，表箱及以下设备为营销人员维护，其中用户接入点和用户的关联由营销完成。根据设备管理职责，在 20 个工作日内完成低压设备台账维护。

（9）新投生产辅助设施，设备主人在设备投运后 10 个工作日内完成维护、审核工作。

（10）对于技改项目拟定退役/报废的设备，需在系统中提出报废申请；非技改项目的设备报废，需在 SAP 中提出报废申请并开展报废工作。

（11）设备调拨由资产专责在 ERP 中完成。

第十三章 安 全 管 理

第一节 编 制 目 的

为切实加强供电所安全管理,提升安全管理水平,认真落实安全生产责任制,推动供电所安全生产保证体系有序运转,指导供电所开展安全生产管理工作,全面提高供电所员工安全生产遵章守纪意识,杜绝工作习惯性违章行为,确保规范管理,实现安全管理可控、能控、在控。

第二节 工 作 目 标

依托"全能型"供电所建设,按照业务流程组织安全生产,按照规程规范和规章制度落实供电所安全风险管控措施,明确供电所安全管控重点和安全工作标准,规范供电所安全工作职责,推进供电所安全管理规范化、标准化,提升供电所本质安全水平。

第三节 业 务 范 围

供电所管理范围内安全目标及责任制落实,安全教育培训、安全日活动、安全检查、生产作业安全管控标准化、安全工器具管理、安全性评价、安全隐患排查治理和消防、交通、应急工作管理等工作。

第四节 工 作 内 容

一、安全目标及责任制落实

(1) 按照"管业务必须管安全,谁管理谁负责,谁实施谁负责"的要求，建立健全以供电所所长为第一责任人的岗位安全责任制。

（2）根据国家法律法规、行业标准和安全生产相关规章制度，国家电网有限公司安全规范和岗位职责，供电所人员编制情况和所管辖的设备情况，制定有针对性、差异性的覆盖全员、全过程、全业务的各岗位安全职责和安全责任清单。

（3）供电所与县供电企业按年度签订安全生产责任书（责任状），制定落实安全目标的具体措施。供电所与所内员工按年度、分岗位签订针对不同岗位的安全生产责任书，制定个人安全目标的控制措施。

（4）依据安全责任清单，各组织、各岗位应在计划、布置、检查、总结、考核业务工作的同时，计划、布置、检查、总结、考核安全工作（简称"五同时"）。按照履责记录要求留存相关记录，确保履责过程有据可查、可见证、可追溯。严格按照"尽责照单免责，失职照单追责"的原则，开展履职尽责情况评价考核，并将考核结果作为绩效评定、业绩考核、安全生产评先评优、安全等级认定等工作的重要依据和内容。

二、安全日活动

（1）依据《国家电网公司安全工作规定》要求每周召开一次安全活动，并进行记录，主要记录供电所安全活动开展情况，包括安全活动内容、本周安全生产情况回顾（本周安全生产情况、安全检查情况、隐患整改情况、不安全因素等）、下周安全工作要点（预控措施、重点检查项目、建议等）、个人发言记录、上级评价。其中安全活动内容包括安全生产标准、制度，贯彻上级文件、会议精神、事故通报、异常、违章分析及本供电所实际应吸取的教训和应采取的防范措施，安全专项活动。

（2）周安全日活动记录可以以纸质文本方式记录，也可以使用录音、录像等方式记录，但其中参加人员以及上级评价等内容必须手工填写纸质记录。未按时参加活动者，要进行补学，并在本次活动记录内容最后签字并注明具体日期。

（3）班组上级主管领导每月至少参加一次班组安全日活动并检查活动情况。

（4）周安全日活动记录由供电所、班组兼职安全员负责填写，上级领导或安全员填写评价意见并签名后作为纸质资料保存并上传安监一体化平台"班组安全建设"模块。

（5）安监部按月在"安监管理一体化平台"布置学习活动任务，运检、调控、营销部每月检查各班组的安全日活动是否按照要求开展。

（6）在周安全日活动结束后，活动记录如使用纸质材料，应通过扫描仪或照相机转换为图片文件上传至安监一体化平台，影音形式的活动记录，直接上传至"安监管理一体化平台"。

三、安全教育培训

（1）制定供电所年度安全教育培训计划，根据不同岗位特点有针对性地按计划开展培训工作，拓展新型业务培训内容。内容应包括：国家电网有限公司安全生产规章制度、电力安全工作规定、工作票和操作票（简称"两票"）填写、触电急救及心肺复苏法、应急疏散、消防器材使用与火灾逃生、风险点辨识及防范等。

（2）培训形式以现场实操培训为主，可结合安全日活动，采取专题讲座、反事故演习、专业技能比武、技术问答、安全规程制度考试等方式进行。

（3）新上岗生产人员必须经过本岗位安全教育培训，考试合格后方可上岗。

（4）在岗生产人员的培训要求。

1）定期进行有针对性的现场考问、反事故演习、技术问答、事故预想等现场培训活动。

2）生产人员岗位调换后应对其进行专门安全教育培训，经考试合格后，方可上岗。

（5）对违反规程制度造成安全事故（事件）、严重未遂事故的责任者，除按有关规定处理外，责成其学习有关规程制度，并经考试合格后，方可重新上岗。

（6）安全教育培训，应留存签到表、培训课件、现场影像等资料，并将安全培训记录和考试成绩记入员工安全教育培训档案。

四、安全检查

（1）按照要求开展即时性安全检查、专项安全检查和季节性安全检查。检查方式可分为定期安全检查、不定期安全检查。

1）即时性安全检查是根据安全生产形势或按照上级指示要求进行的非例行安全检查。例如：发生人身、设备事故后，进行的针对性安全检查。

2）专项安全检查是针对个别专业及特殊要求进行的检查。例如：电气火灾隐患排查、交通安全检查、用户安全隐患排查、设备隐患排查等。

3）季节性安全检查一般以春、秋季安全检查为主。根据上级制定的检查大纲，结合供电所安全工作实际制定检查方案，检查内容应涵盖供电所安全生产各个方面。其他季节性检查一般针对季节气候特点、用电负荷变化等情况，如防汛抗旱、迎峰度夏（冬）期间的检查等。

（2）安全检查主要内容，应结合年度及阶段性安全工作重点，从安全生产责任制、安全教育培训、安全活动、作业风险管控、应急管理、安全工器具、两票管理、消防及交通管理、电力设施保护等几方面进行，可对相关内容进行适当调整。

五、生产作业安全管控标准化工作

（1）依据国家电网公司《生产作业安全管控标准化工作规范》要求，供电所区域内的配电设备检修、试验、维护及改（扩）建项目施工作业。包括0.4kV及以上设备停电、带电检修作业；不需要停电的设备运维、消缺，生产工程施工作业。应按照生产作业计划、生产作业组织、生产作业实施、监督检查四个环节的安全工作流程和管控措施，统筹推进生产作业超前策划和超前准备，实现生产作业安全管控标准化。管控流程如图2-13-1所示。

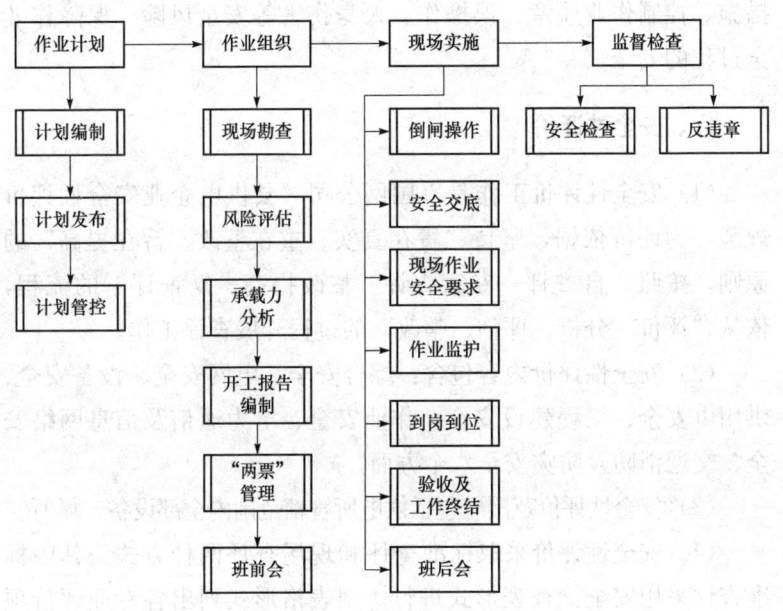

图2-13-1 生产作业安全管控流程

（2）作业计划是指为提高电网、设备运行工况制定的具体执行计划，包括计划编制、计划发布、计划管控。

（3）作业组织是指为提高生产作业过程中的质量和安全效率所做的前期准备工作。包括现场勘察、风险评估、承载力分析、开工报告编制（包括"安全措施、组织措施、技术措施和施工方案"）、工作票和操作票（简称"两票"）管理、班前会。

（4）生产作业实施是指按照前期准备工作在生产作业现场所做的具体工作。包括倒闸操作、许可开工、安全交底、现场作业、作业监护、到岗到位、验收及工作终结、班后会。

（5）监督检查是指对生产作业过程中可能存在的隐患、缺陷及危险因素进行查证，确定其存在的状态及可能转化为事故的因素，制定措施予以消除，包括安全检查和反违章。

（6）生产作业安全管控标准化是供电所、个人结合专业特点和工作实际，辨识作业现场存在的危险源，有针对性地落实预防措施，控制作业违章、误操作、人身伤害等安全风险，保障作业全过程的安全。

六、安全性评价

（1）安全性评价工作是以国网公司《县供电企业安全性评价规范》为评价依据，坚持"贵在真实、重在整改、旨在提高"的原则，按照"自查评—专家查评—整改提高—复查评"的流程，依从"评价、分析、评估、整改"的过程开展查评工作。

（2）安全性评价内容包含：综合安全、电网安全、设备安全、供用电安全、工程建设安全、作业安全、电力通信及信息网络安全、交通消防及防灾安全八个方面。

（3）安全性评价范围应包括供电所管辖范围内全部设备、场所。

（4）安全性评价采取标准查评和现场查评两种方式。其中标准查评采用安全检查表形式进行。用表格形式列出各专业评价项目、标准分、查证方法、扣分条款和扣分标准，每个查评项目后列有该项目的查评所依据的条款，以相对得分率衡量被评价系统的安全性。现场查评采用现场检查、查阅和分析资料、现场考问、现场试验或测试等方法进行。

（5）安全性评价应结合安全生产实际在评价周期内实行闭环动态管理。以3~5年为一周期，评价资料留存时间至少为一个评价周期。

七、安全隐患排查治理

（1）安全隐患是指安全风险程度较高，可能导致事故发生的作业场所、设备设施、电网运行的不安全状态、人的不安全行为和安全管理方面的缺失。根据可能造成的事故后果,安全隐患分为重大事故隐患、一般事故隐患和安全事件隐患三个等级,见表 2-13-1。

表 2-13-1　安全隐患等级划分表

序号	等级划分	可能导致的后果
1	重大事故隐患	(1) 1~4 级人身事件。 (2) 1~3 级电网或设备事件。 (3) 5 级信息系统事件。 (4) 交通重大、特大事故或一般火灾事故。 (5) 安全管理隐患
2	一般事故隐患	(1) 5~7 级人身事件。 (2) 4~7 级电网或设备事件。 (3) 6~7 级信息系统事件。 (4) 交通一般事故、火灾(7 级事件)。 (5) 其他对社会造成影响事故的隐患
3	安全事件隐患	(1) 8 级人身事件。 (2) 8 级电网或设备事件。 (3) 8 级信息系统事件。 (4) 交通轻微事故、火警(8 级事件)

(2) 安全隐患排查治理纳入供电所日常工作中,按照"谁主管、谁负责"和"全覆盖、勤排查、快治理"的原则,以"排查(发现)—评价(评估)—报告—治理(控制)—验收—销号"的流程,负责供电所范围内安全隐患的上报、管控和治理工作。

(3) 安全隐患信息录入安监一体化平台中的安全隐患管理信息系统,进行全过程记录和管理,做到"一患一档"。

(4) 安全隐患等级实行动态管理。依据隐患的发展趋势和治理进展,隐患的等级可进行相应调整。

(5) 供电所自查以及上级单位开展的督查、抽查、安全性评价等工作中发现的重大安全隐患,按照"签发安全督办单-制定安全整改过程管控表-上报安全整改反馈单"(简称"两单一表")的流程,实施重大安全隐患的整改闭环管控。

(6) 安全隐患排查治理采用自评价和专家评价相结合的方式,

对安全隐患排查治理工作实行闭环动态管理。

八、安全工器具管理

（1）按照《国家电网公司电力安全工器具管理规定》中班组安全工器具配置表要求配置齐全合格安全工器具，见表 2-13-2。

表 2-13-2　　乡镇供电所安全工器具配置标准

序号	装备名称	单位	数量
1	绝缘手套	双	2
2	绝缘靴	双	2
3	绝缘操作杆	套	2
4	10kV 验电器	只	4
5	0.4kV 验电器	只	4
6	0.4kV 接地线（铝排用）	组	4
7	10kV 接地线	组	8
8	0.4kV 接地线（导线用）	组	8
9	安全带（全身式）	副	按作业班组人数配置
10	安全帽	顶	按作业班组人数配置
11	绝缘梯	架	6
12	登高板或脚扣	块	按作业班组人数配置
13	个人保安线	根	按作业班组人数配置
14	绝缘绳	根	2
15	警示牌	套	10
16	围栏	组	10
17	防倒杆装置	套	1
18	单钩双环	副	按作业班组中使用升降板人数配置
19	防坠围杆带	副	按作业班组中使用脚扣人数配置
20	双钩	副	3
21	护目镜	副	按作业班组人数配置

注　1. 以上配置可根据班组人数和实际生产任务量适当调整。
　　2. 各班组可依据管辖设备电压等级对验电器和接地线配置数量进行调整。

（2）建立安全工器具台账，做到账、卡、物相符，工器具

(含电动)按周期进行试验,试验合格证、检查记录齐全。

(3)严禁使用不合格或超试验周期的安全工器具,安全工器具室应符合通风、干燥、清洁要求,安全工器具应统一编号,定置定位,入库检查后放置在安全工器具柜内对应编号位置,不得混放其他物品及不合格安全工器具,所有安全工器具实行集中保管。

(4)安全工器具领用应办理领用、归还手续,并做好记录。

(5)安全工器具纳入国网安监一体化平台管理,实现安全工器具从录入、自检、试验、报废的全过程管控。

九、消防、交通、应急工作管理

(1)应急管理。

1)成立应急处置小组,建立各岗位人员分工负责的应急组织体系。

2)配备必要的应急照明、发电机等装备。

3)编制现场处置方和应急处置卡,并报上级主管部门备案。

4)突发事件应急信息上报及时,后续处置信息上报及时准确。

(2)消防安全管理。

1)成立消防安全小组,供电所长为本单位消防安全责任人,对本单位消防安全工作全面负责。明确消防安全管理专责人,负责消防安全工作,明确兼职消防安全员,负责防火日常工作。

2)对消防设备每月至少进行一次全面检查,确保完好有效,检测记录应当完整准确,存档备查。

3)定期组织防火检查,及时消除火灾隐患。

4)每年组织一次进行有针对性的消防演练。

5)建立消防档案,确定消防安全重点部位,设备防火标志,实行严格管理。

6)灭火器应设置在位置明显和便于取用的地点且不得影响安全疏散,灭火器的摆放应稳固,其铭牌应朝外,手提式灭火器宜设置在灭火器箱内或挂钩、托架上，灭火剂不相容的灭火器不得放置于同一灭火器设置点，灭火器不得上锁。

（3）交通安全管理。

1）制定生产用车、摩托车、电动自行车管理、存放和使用方案，并做好登记和管理，不得对外出租、出借生产抢修用车。

2）用车人填写生产抢修用车派车单，由所长、副所长签发。

3）驾驶员必须安全、文明驾车，自觉遵守交通法规，严禁酒后驾驶。

4）禁止公车私用和超范围用车，节假日期间（生产抢修需要除外）一律封存。

第十四章 党 建 工 作

第一节 编 制 目 的

为认真落实国家电网有限公司"旗帜领航三年登高"计划,根据《中国共产党章程》《国家电网公司基层党支部工作规则（试行）》(国家电网党〔2017〕54 号)《国家电网公司关于健全完善供电企业党建工作机构设置的指导意见》(国家电网人资〔2017〕477 号),结合公司党建工作实际和"全能型"乡镇供电所建设,针对基层供电所存在的党的建设"四个化"问题精准施策,从政治、思想组织和作风上全面加强供电所党支部建设,努力提高党建工作水平。

第二节 工 作 内 容

一、加强党组织建设

严格落实设置党支部的总原则,即有利于经济建设和改革开放,有利于党支部自身建设的加强,有利于党的领导加强和改善。

(1) 供电所设立党支部。凡是有正式党员 3 人以上的供电所,原则上都应成立党支部;正式党员不足 3 人的,可与邻近的供电所或与县公司相关部门党员联合成立党支部。

(2) 党支部委员会设置。党员人数超过 7 人的,应设支部委员会;党员人数不足 7 人的,不设支部委员会,设支部书记 1 人,必要时增设副书记 1 人。支部委员会和不设支部委员会的支部书记、副书记每届任期 2 年或 3 年,任届期满要按照《中国共产党基层组织选举工作暂行条例》的规定组织换届选举。党支部书记、副书记、委员因故空缺时，应按照程序及时进行增补，以保证组织健全。联合党支部选举产生委员时，应充分考虑其代表性。

（3）党支部书记选配。供电所党支部书记、副书记一般采取兼任的方式，由所长兼任书记，所长不符合党支部书记任职条件的，可另行配备党组织负责人（兼任行政副职）。

（4）党小组设置。党员人数较多、工作相对分散的党支部，按照"便于党员活动、便于加强管理、便于发挥作用"的原则，可合理划分若干党小组。每个党小组不应少于3名党员，其中至少有1名正式党员，同时应选举党小组长1人。

二、严肃党组织生活

认真落实党章和《关于新形势下党内政治生活的若干准则》等规定，坚持组织生活制度，组织党员参加"三会一课"、主题党日、民主评议等活动，定期向上级党组织报告工作，听取党员思想和工作汇报，确保制度落实，组织生活严格。

（1）认真落实组织生活制度。严格按照《国家电网公司基层党支部工作规则（试行）》要求，落实会议制度、党日制度、党课制度、报告工作制度、民主生活制度、党员汇报制度、民主评议党员制度等七项组织生活制度。

（2）"三会一课"。每季度至少召开1次党员大会（不设党小组的支部一般应每月召1次党员大会），每月至少召开1次支委会和党小组会，每季度上1次党课。党支部应制定年度"三会一课"计划并报上级党组织备案。

（3）主题党日活动。每月相对固定1次，结合"三会一课"，确定不同主题，组织党员集中学习、听党课，开展民主议事、志愿服务等活动，组织党员交纳党费等。

（4）组织生活会。党支部（党小组）每年至少召开1次组织生活会。党员领导干部要严格落实双重组织生活制度，以普通党员身份参加所在支部的组织生活会。

（5）民主评议党员。结合组织生活会每年进行1次，按照个人自评、党员互评、民主测评、组织评定的程序，对党员进行民主评议。

（6）报告工作制度。党支部每年至少向上级党组织汇报1次全面工作，重要问题及时请示汇报；支委会或支部书记每年向支部党员大会报告1次年度工作。党员一般每年向党小组或党支部汇报1次思想、工作、学习及开展群众工作等情况。

（7）注重创新方式方法。党支部（尤其是联合党支部）可根据工作实际，以视频会议、工作现场"流动讲堂"形式，或运用微信、QQ等载体开设网络课堂、开展党的活动，妥善解决传统"三会一课"作习矛盾大、党员难凑齐等问题，增强组织生活的感染力和吸引力。涉及换届选举、发展党员、评先评优等需支部委员民主决策、需党员表决或选举的事项，必须组织现场会议。以视频会议、网络课堂等形式开展的"三会一课"情况要记录到党支部组织生活台账中。

第三节　规范党组织机制

供电所党支部开展活动要有场所、经费保障。供电所党支部各项工作要有计划、有目标、有记载，确保党支部运行规范，工作扎实开展。

一、加强阵地建设

因地制宜强化硬件设施和阵地建设，可利用会议室等场所建立党员之家。党员之家布置要庄重规范，悬挂党旗，张贴入党誓词、党员的权利和义务、"三会一课"制度、党支部组织机构等内容。有条件的供电所适当配备投影仪、电脑、电视等有关电教设备，设置宣传栏，配备资料橱（或书柜）和报刊架，购置并定期更新报刊、党建杂志和相关书籍。

二、加强经费保障

合理安排供电所党支部活动经费,一方面可纳入企业管理费用税前列支;另一方面可从基层党委留存党费中向党支部拨付一定数额的活动经费,用于订阅党报党刊、建设党组织活动场所、开展支部活动等。

三、规范台账管理

对党支部的日常活动开展情况,要分门别类建立档案,实行台账式管理,定期检查。

(1) 党员信息台账。记录党员个人基本情况及参加教育培训、奖惩等方面的情况;记录流动党员教育管理情况;保存党员组织关系接转、党员证明信等资料;记录困难党员基本情况,近年来的主要帮扶措施等。

(2) 党组织生活台账。使用地方组织部门统一印发的记录本,记录"三会一课"、组织生活会、日常工作以及特色活动情况,记录要完整规范,参加人员、请假人员、缺席人员、发言内容、表决情况、评议结果都要准确记载。

(3) 党员联系服务群众台账。记录党员联系服务群众的具体事项内容,措施和成效等。

(4) 党费收缴台账。记录每名党员缴纳党费的标准,交纳党费时间、金额。

(5) 发展党员工作台账。主要包括申请入党人员名册、入党积极分子名册、发展对象名册、思想汇报以及发展党员有关材料等。

(6) 其他党支部活动资料。工作计划、工作总结、会议材料、党课讲稿等资料,需注意保存照片、音像、实物、电子等各类档案。

第十五章 计算机使用

第一节 编制目的

为了指导供电所规范使用计算机，完成公司下达的年度工作任务和目标，防范安全风险、避免违规操作、保障经营效益，满足居民客户在线、灵活、互联服务需求，助力公司营销服务转型升级。

第二节 工作目标

实现桌面终端注册数 100%，防病毒安装率 100%，注册补丁服务器数 100%，安全泄密事件 0，弱口令数 0，违规外联数 0，病毒感染率 5% 以下。

第三节 业务范围

供电所使用计算机所有用户，计算机终端，泛终端。泛终端就是指非完整的计算机系统设备或非 Windows 操作系统的设备，包含网络打印机、手持终端、自助缴费终端、IP 电话、网络摄像头等。

第四节 工作内容

一、计算机申请

1) 填写办公计算机领用申请单。

2) 填写信息内网计算机入网申请表。

二、计算机故障报修

(1) 网络。用户如遇到网络故障报修问题，需联系各地市、县信息专责或兼责人员进行报修，由他做问题分析及简单的故障排查操作；而后仍有问题，需此维护人员上报上级信通公司进行处理。

(2) 计算机硬件。供电所的计算机硬件报修需联系各地市、县信息专责或兼责人员，由维护人员上报到市信通公司或拨打厂商维修电话进行报修；如遇到硬件过保或废旧无法使用等问题，可进行计算机申请；废旧计算机及外部设备，需进行资产报废核销审核。

(3) 应用系统。

1) 辅助办公软件及安全软件维护。需联系各地市、县信息专责或兼责人员进行报修，由他做问题分析及简单的故障排查操作；而后仍有问题，需此维护人员上报到市信通公司进一步处理；维修人员按要求详查点在于软件是否安装且运行正常（辅助办公软件包括：Winrar、输入法、Flashplayer、apabi、WPS 国网版、AdobeReader、office 等；安全软件包括：防病毒软件、桌面管控、网络准入、注册补丁等），如有异常进行相应处理。

2) 企业级应用维护。需拨打省电力企业级应用热线电话，并对应询问及反应存在问题。

三、计算机使用要求

(1) 桌面终端使用要求。

1) 必须指定专人负责。

2) 禁止存储、处理国家秘密。

3) 禁止使用计算机 USB 口为手机充电。

4) 禁止插接网络运营商上网卡、无线网卡，防止违规外联。

5）禁止将计算机带离内网环境使用。

6）禁止未彻底格式化计算机接入内网，防止带入病毒、木马等。

(2) 账户密码使用要求。

1）所有联入信息内外网的系统、设备、终端的账户必须设有口令。

2）禁止空口令和弱口令。弱口令比空口令更不安全。一般情况下，空口令不可以远程连接，弱口令破解后，会被远程连接进入。

3）禁止多人共用同一账户。

4）账户必须按规定定期清理，及时掌握账户的使用状态和权限。

5）禁止越权使用账户，操作人员不得使用管理人员的权限，财务权限不能被人资员工使用等。

6）过期账户及时注销。人员退休、岗位调动，必须按流程及时删除或迁移账户。

7）不同账户的密码禁止相同。比如某部门为了管理方便，部门的全部用户均使用相同密码，这是坚决禁止的。

(3) 企业网络使用要求。

1）禁止未审核计算机接入网络，接入网络应先由人工审核，然后经过系统审核，合格后方可连入网络。

2）禁止将网络节点设置在公共区域，在公众可达的地方禁止有开放的网络出口、信息点等。

3）楼宇间不得使用双绞线连接，避免非法侵入，应使用光纤连接。

4）禁止内网使用无线网络，最容易造成违规外联。

5）禁止外网计算机设置代理和无线热点，不得通过桥接为他人提供上网服务。

6）禁止将存储有企业、商业信息的设备接入到公共网络。

7）第三方网络接入必须经省级电力公司及以上安全评审。

8）禁止在公网传送敏感信息。

9）公网邮件必须设强口令压缩。

10）个人不得以公司名义开设微博微信公众号。

（4）外部设备使用要求。

1）禁止将普通移动存储介质、打印机交叉使用。

2）外来移动存储介质必须先查杀病毒后使用。

3）内网计算机禁止插接拨号设备。

4）禁止使用无线外部设备。

5）存储介质要有严格的管理措施，严密保存、禁止出售、报废时彻底物理销毁，确认完全消磁。

（5）应用软件使用要求。

1）使用正版软件，包括操作系统和办公软件，使用国家电网有限公司已经购置的办公软件。

2）禁止打开来历不明的邮件，遇到奇怪的字符、纯英文、引诱类文字、带有可执行文件的附件等千万别打开，应立即删除。

3）禁止安装与工作无关的软件。

4）及时为软件安装补丁。

5）安装软件前必须保证未感染病毒或木马，需要提前预查杀病毒。

四、计算机安装系统要求

（1）使用 NTFS 的文件格式。操作方法是非 NTFS 文件格式使用 convert X:/fs:ntfs 命令进行转换。

（2）使用正版的专业版操作系统。使用专业版或旗舰版操作系统，禁止使用家庭版（home）操作系统或非正版操作系统。

（3）规范计算机名称。使用大写字符，各段间以下划线分割。

1）通用计算机命名规则。单位（部门）简拼_人名简拼。

2）变电站、供电所（或其他自行需增加段）计算机命名规则。归属单位名简拼_站、所（或自行增加字段）名简拼_人名简拼。

例如：信息管理中心张三，计算机名为 XXGLZX_ZS；如果有重名的，则在后面加识别码1或2。变为 XXGLZX_ZS1。平泉小寺沟站（所）李四，计算机名为 PQFGS_xsgZ（S）_LS。操作方法为：右键点击"我的电脑"，选择"属性"，选择"计算机名"选项卡，点击"更改"，在"计算机名"下面的空白处填入计算机名称，点击"确定"。

（4）开启复杂口令。将口令设置为大于8位、大小写字母、数字、特殊字符组合的复杂口令。服务器还必须设置口令的最短、最长生存期，"密码最长存留期"设置为999天，"密码最短存留期"设置为1~10天。计算机终端原则上也必须设置口令的最长生存期。本地策略：安全选项→网络访问→不允许SAM账户和共享的匿名枚举改为启用。

操作方法："开始—设置—控制面板—管理工具—本地安全策略—账户策略—密码策略"中，启用"密码必须符合复杂性要求"，"密码长度最小值"设置为8个字符。"密码最长存留期"设置为90天，"密码最短存留期"设置为1天。

（5）删除administrator以外的账户，重命名administrator账户名称：为具备管理员权限及guest账户设置复杂口令，禁用guest账户。

操作方法："开始—设置—控制面板—管理工具—计算机管理—系统工具—本地用户和组—用户"中操作。

（6）开启账户锁定。配置账户锁定登录失败次数为3次，锁定时间为30min。

操作方法："开始—设置—控制面板—管理工具—本地安全策略—账户策略—账户锁定策略"中。"账户锁定阈值"设置为3次，"账户锁定时间"设置为30min，"抚慰账户锁定计数器"设置为30min。

（7）应使用信息管理中心统一分配的IP地址，不得私自改动。进行网络相应配置，包括IP地址、子网掩码、网关、DNS等。

操作方法：右键点击"网上邻居"，选择"属性"，双击"本地连接"，选择"属性"，在项目中选择"Internet 协议（TCP/IP）"，点击"属性按钮"，配置相应参数后，点击"确定"按钮。

（8）安装完操作系统后，系统还原功能默认为打开，需要关闭系统还原功能。

操作方法：在桌面上，鼠标右键点击我的电脑—属性—系统还原。将"在所有驱动器上关闭系统还原"前面打"√"。

（9）安装公司统一规定使用的防病毒软件。网络配置完成，立即安装。

通过"公司主页—技术与支持服务—防病毒安装"链接点击安装。

（10）注册到公司统一补丁服务器。

（11）安装公司统一桌面管理软件。

（12）安装公司统一网络准入软件。

（13）关闭系统默认共享，如C＄、D＄、E＄、ADMIN＄…，去除Microsoft网络文件和打印共享。

（14）清除计算机病毒，执行全盘扫描。

操作方法：通过拔掉网线等方式，使计算机脱离网络，避免病毒和日志上传。点击任务栏的企业终端安全管理系统软件—瑞星杀毒—全盘查杀，直到扫描完毕。

（15）配置控制台超时，配置控制台超时自动锁定时间为3min，设置屏保口令保护。

所有控制台必须设定自动锁定时间，操作系统设置屏幕保护。屏保口令保护。操作方法："开始—设置—控制面板—显示—屏幕保护程序"中选择屏幕保护程序，选择等待时间3min，将"在恢复时使用密码保护"前面的复选框钩上。

(16) 配置系统审核策略。

1) 使用审核策略。对配置审核登录事件、审核账户登录事件、审核账户管理、审核策略管理、审核系统事件等进行审核设置。

2) 分配合理的存储空间和存储时间。将"最大日志文件大小"设置为 5120K，将"改写久于"设置为 30 天的记录。

操作方法："开始—设置—控制面板—管理工具—本地安全策略—本地策略—审核策略"中将右框中 9 项策略均设置为"成功"。"开始—设置—控制面板—管理工具—计算机管理—系统工具—事件查看器—安全性"，鼠标右键点"安全性"，选择"属性"，将"最大日志文件大小"设置为 5120K，将"改写久于"设置为 30 天的记录。

(17) 禁用匿名连接。禁止使用枚举方法猜测用户名和密码。桌面级操作系统不允许 SAM 用户的匿名枚举，服务器级操作系统应对匿名连接进行额外限制。

操作方法：桌面级操作系统："开始—设置—控制面板—管理工具—本地安全策略—本地策略—安全选项"中将"网络访问：不允许 SAM 用户的匿名枚举"启用。WIN2000 系统："控制面板—管理工具—本地安全策略—本地策略—安全选项"中将"对匿名连接的额外限制"选择"没有显式匿名权限就无法访问"，重启系统。

(18) 关闭与业务系统无关的服务，禁止自行安装 ftp 服务和 IIS 服务；关闭（messenger、Wireless Zero Configuration 针对 XP 系统）remote regestery、computer browser、和 DHCP client、WLAN Auto Config、windows Firewall、Server 等服务。

操作方法："开始—设置—控制面板—服务"中进行操作。在服务管理中关闭 remote regestery、computer browser、messenger、Wireless Zero Configuration 和 DHCP client 等服务，停止后改为禁用。

(19) 卸载与业务应用无关的软件与 windows 组件。

操作方法:"开始—设置—控制面板—添加或删除程序"中卸载与业务应用无关软件与 windows 组件。

（20）避免泄密。严禁使用计算机访问、传输、存储涉密信息和文件。

用桌面管理系统的"网络保密自动检查工具"进行保密信息检查，擦除敏感信息以及上网记录。

五、新增泛终端业务要求

（1）所有泛终端设备的详细情况需要做好统计，设备数量、设备明细应及时入库备案；设备的台账统计应及时更新，更新周期最少为半年。

（2）所有泛终端接入内部网络或外部网络需按要求允许接入（例如网络打印机等设备需做安全设备绑定才可接入内部网络），如发现存在安全漏洞及网络病毒等不合乎安全要求的设备一律禁止接入或安全处理隐患后才可接入。

（3）所有公司使用的泛终端设备需经本公司信通部门审查通过，要有信通部门的安全审查证明才可使用。

（4）所有泛终端设备需要专门维护人员定期检查设备的使用情况及产品质量，及时处理设备存在的故障和隐患。

（5）对于已经接入的设备定期进行网络安全检查，按时处理、扫描可能存在的安全漏洞，发现病毒等问题及时汇报信通部门。

第三篇 建设典型案例

通过实施星级"全能型"乡镇供电所建设，在改善乡镇供电所工作生活条件、提升基础设施建设水平、减轻基层负担、提高星级评价效率等方面起到了积极有效的作用，具有较好的推广应用价值。这里选取5篇星级"全能型"乡镇供电所建设实施成效显著单位的具体案例，供读者参考。

国网承德供电公司典型经验

【摘要】 2017年,国网承德供电公司(以下简称承德公司)通过五维度推进、六举措落实,实现供电所综合服务能力提升。五维度推进就是在组织保障、资源整合、强基固本、核心驱动和管理提升等五个层面联合推进;六举措落实就是推广台区经理制、实施综合柜员制、研发应用供电所管理系统和移动作业终端、物资智能化管理、打造全业务培训体系和制定工作质量评价体系等六个方面探索实践,实现管理模式的效率和效益提升。2017年,国网承德供电公司星级供电所建设评价指数指标位列冀北公司第一位。

一、管理目标描述

1. 专业管理的理念

以客户为中心,围绕安全、质量、效率、效益,优化布局和作业组织形式,缩短管理链条,推进业务融合,构建反应敏捷、响应快速、执行有力的新型服务模式,打造业务协同运行、人员一专多能、服务一次到位的"全能型"乡镇供电所。专业管理理念如图3-1所示。

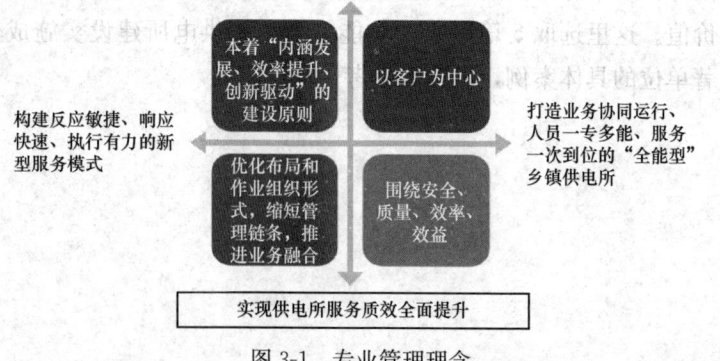

图3-1 专业管理理念

2. 专业管理的范围和目标

供电所管辖配电线路 17202.86km，营业户数 1340121 户，供电所中现有长期职工 195 人，农电工 2906 人。供电所承担着重要的 SG186 营销系统和用电信息采集系统的应用及监控，承担着业扩报装、安全培训、宣传教育、配网规划与建设发展，承担着供电优质服务责任等各项工作。通过全能型供电所的建设，实现服务效率、服务质量、服务效益的全面提升。

3. 专业管理对应的指标及指标提升情况

全能型供电所建设工作对应的同业对标指标为星级供电所建设评价指数指标，涵盖全能型供电所建设、台区经理制和综合柜员制实施、星级供电所建设、培训管理等方面内容。

二、主要管理做法

(一) 专业管理工作的流程图（见图 3-2）

(二) 主要流程说明

1. 五维度推进，筑牢创建根基（见图 3-3）。

(1) 顶层指导、专业帮扶。①成立领导小组：成立以总经理、书记为组长的领导小组，全面推进"全能型"供电所建设工作；②建立专业帮扶机制：营销部协同各相关部门专业人员，驻所进行专业帮扶，解答业务问题，交流先进经验，促进了"全能型"供电所试点建设质量的提升；③组织召开现场推进会：组织召开现场推进会，到供电所现场参观建设成果，实地交流建设经验；④搭建交流平台：公司主页开辟全能型供电所热点专题，围绕工作动态、交流论坛、创新创效等方面，营造"比、学、赶、超"的活跃氛围。

(2) 优化班组、资源整合。①优化组织机构设置：建立营配业务融合实施的综合性班组，将原有班组重新整合为综合班和营配班，为"一口对外"服务和"一站式"服务提供了组织保障；②明晰职责划分：综合班负责乡镇供电所综合管理、所务管理、

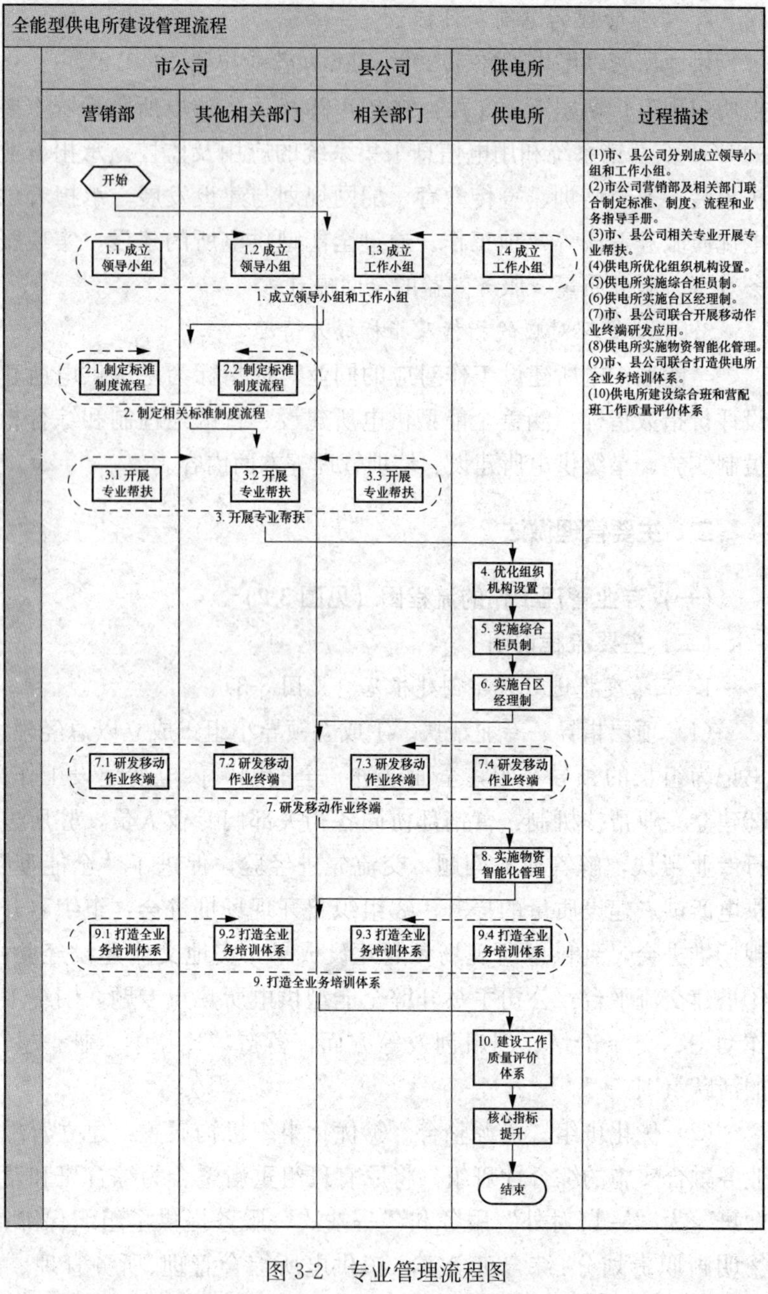
全能型供电所建设管理流程
市公司
县公司
供电所
营销部
其他相关部门
相关部门
供电所
过程描述
开始
1.1 成立领导小组
1.2 成立领导小组
1.3 成立工作小组
1.4 成立工作小组
1. 成立领导小组和工作小组
2.1 制定标准制度流程
2.2 制定标准制度流程
2. 制定相关标准制度流程
3.1 开展专业帮扶
3.2 开展专业帮扶
3.3 开展专业帮扶
3. 开展专业帮扶
4. 优化组织机构设置
5. 实施综合柜员制
6. 实施台区经理制
7.1 研发移动作业终端
7.2 研发移动作业终端
7.3 研发移动作业终端
7.4 研发移动作业终端
7. 研发移动作业终端
8. 实施物资智能化管理
9.1 打造全业务培训体系
9.2 打造全业务培训体系
9.3 打造全业务培训体系
9.4 打造全业务培训体系
9. 打造全业务培训体系
10. 建设工作质量评价体系
核心指标提升
结束
(1)市、县公司分别成立领导小组和工作小组。
(2)市公司营销部及相关部门联合制定标准、制度、流程和业务指导手册。
(3)市、县公司相关专业开展专业帮扶。
(4)供电所优化组织机构设置。
(5)供电所实施综合柜员制。
(6)供电所实施台区经理制。
(7)市、县公司联合开展移动作业终端研发应用。
(8)供电所实施物资智能化管理。
(9)市、县公司联合打造供电所全业务培训体系。
(10)供电所建设综合班和营配班工作质量评价体系

图 3-2 专业管理流程图

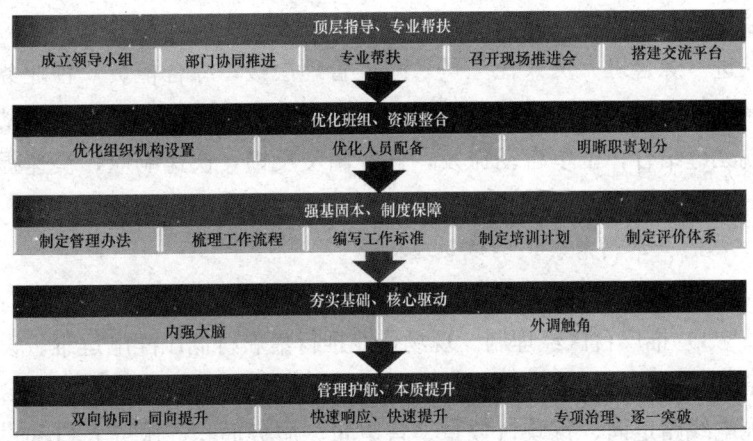

图 3-3　五维度推进图解

营业厅事务、系统监控和分析等所内工作,是供电所的中枢大脑。营配班负责配电设施运维检(抢)修、营销业务、台区线损管理、用电信息采集设备运维和属地协调等低压营配业务的现场工作,是供电所的多能触角。

(3) 强基固本、制度保障。在全能型供电所的打造中,坚持制度先行。制定岗位工作标准 14 项,制定管理办法 14 项,梳理工作流程 16 项,强化了基础管理和过程管控。在全能型供电所的建设中,坚持业务指导,编写全能型供电所简明指导手册和供电所业务指导手册,全能探索和业务提升同步推进,内涵式发展理念植根供电所。

(4) 夯实基础、核心驱动。内强大脑、外调触角,提升核心驱动力。在内强大脑方面,坚持 $7\times 12h$ 指标监测,异常指标逐条跟踪;一对一任务派发,任务清晰具体,每项工作闭环管理;在外调触角方面,台区经理全员参加轮训,营配业务全方位培训,工作质量全过程监督指导。台区经理收集用电客户信息需求、供电设施状况等现场信息,反馈综合班,通过相互协作,达到所内工作高效运转,变管理末端为服务前端。

(5) 管理护航、本质提升。综合班和营配班分工协作、支撑监督、双向协同、同向提升。人员、业务、终端末端融合，共融共进。综合班人员兼任三员，减少管理层级，综合柜员 6 种业务一站式服务，台区经理营配业务全能式办理，X 模块 PC 端与移动端无缝结合，工单自动派发，任务图文反馈，快速响应，快速提升。异常台区、PMS 图数专项治理，持续提升。

2. 六举措落实，实现管理提升

（1）推广台区经理制，打造网格化服务新模式

1）推广台区经理制。现场作业推行集农村低压配电运维、设备管理、台区营销管理和客户服务于一体的"台区经理制"，综合配电线路走向、行政村数量、售电量、服务面积、服务人口和供电所人员配置数量等条件，因地制宜，合理划分网格责任区，协同开展工作，指标和责任清晰到人。

2）营配业务全能式办理。线上办电、装表接电、故障抢修、采集设备运维管理、费控停电客户复电、交费渠道推广、新型业务拓展等营销类业务，和线路巡视、缺陷消除、故障抢修、项目上报等运检类业务，在台区网格化管理中实现全能式融合、全能式办理。

3）一键"扫"除困难。①面向客户：直观展示分布情况，一键扫描二维码，轻松查找和添加。面向内部，明确网格内每名台区经理管辖区域和所属互助组，便于快速开展工作（见图3-4）；②定

图 3-4 面向客户的台区经理分布图

制台区经理二维码：向社会公布台区经理信息，每名台区经理拥有唯一二维码，扫一扫便可添加，启动"1对1"专属服务；③制作台区经理手机名片：照片、责任区、政治面貌、手机号、服务热线一应俱全，便于查找、监督（见图3-5）；④制作台区经理台区贴、表箱贴、服务卡（见图3-5）：与供电所台区经理信息发布互补，"扫"除困难随时、随地。

图3-5　台区经理名片、表箱贴、服务卡

（2）实施综合柜员制，全面提升客户服务满意度。

1）建设"全能型"服务窗口。用电咨询、查询、抢修派工、业扩报装、购电、打卡等六项业务，在综合柜员处实现融合，"六合一"模式的综合柜员制，大大缩短了1位客户同时办理多项业务，更换多个柜台的业务办理时间（见图3-6）。

2）坚持"一口对外，一站式服务，提升客户服务满意度"的服务宗旨。着力打造智能化、体验型实体营业厅。在营业厅的柜台上粘贴六种线上缴费方式的二维码，既便于客户任意选择，又便于综合业务员给予相关指导。设置业务自助办理体验功能区，线上办电、线上缴费、线上查询、智能家电控制都可以通过PAD轻松完成，同时有工作人员进行指导和讲解。设置敞开式业务洽谈区，传递新政策，推广新型业务。

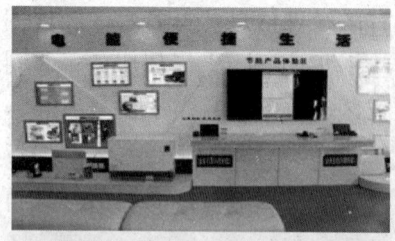

图 3-6 营业厅业务"六合一"融合办理

（3）研发应用供电所管理系统和移动作业终端。

1）供电所内全面部署应用综合业务监控平台。将用电信息采集、SG186、PMS、GIS 等营销类和运检类系统的指标查询功能集中至统一查询平台，实现营销类指标和运检类指标查询在综合业务监控平台的融合。在国家电网有限公司统一部署的综合业务监控平台的基础上，研发 X 模块应用，包括所内可视化业务管理系统和台区经理移动作业 APP 应用两部分。供电所管理系统与移动作业终端应用通过工单自动派发和任务图文反馈，实现了营配业务末端闭环管理，全面提升了供电所故障响应速度、服务管控能力和智能化服务水平，提升了"全能型"供电所的建设质量。

2）供电所内可视化业务管理系统（见图 3-7）。包含早看板、晚看板、网格区域、工单管控、每日必办、线路巡视、工作计划、工作评价、培训管理、三库管理、统计分析等功能模块，规范供电所日常业务管理，加强一专多能人才队伍培训与工作质量管控，实现供电所管理由结果导向向过程管控转变和科学考核。供电所管理系统由供电所专业负责人及综合柜员使用。早看板：昨日指标完成情况，指标影响今日待办工单情况，重大重点工作情况，心中有数；晚看板：今日指标提升情况，今日工单完成情况，今日问题遗留情况，一目了然；网格区域：直观展示台区经理管辖区域，实时查看每名台区经理在办工单，避免内勤人员同时向台区经理派发多个工作任务，影响工作效率和工作质量；每日必办：分析总结供电所日常管理经验，将采集失败、费控待停电、失压、失流、台区同期线损合格率、线损率等涉及关键指标和管理提升的问题，形成任务工单，每日早 8 点自动匹配派发至责任台区经理移动终端，台区经理图文反馈，内外勤实时互动，端到端实时监控，工作质量有保证；工单管控：对接营销业务管理系统、用电信息采集系统、PMS 系统、GIS 系统，实时抽取任务工单，按照营销、运检分类推送至内勤专业负责人，内勤人员对工单进行分析后，选择是否派发至台区经理移动终端；线路巡视：常规巡视、特巡、夜巡工作计划制定，任务工单派发，巡视线路与 GIS 系统地图吻合性校验，确保巡视工作精准到位；工作计划：供电所内全员制定日、周、月工作计划，加强内勤管理；工作评价：制定工作质量评价体系，系统自动统计工单完成情况、响应速度及反馈质量，作为工作质量评价依据，强化台区经理工作过程管控；培训管理、三库管理、统计分析与供电所日常管理紧密结合，实现供电所管理持续提升。

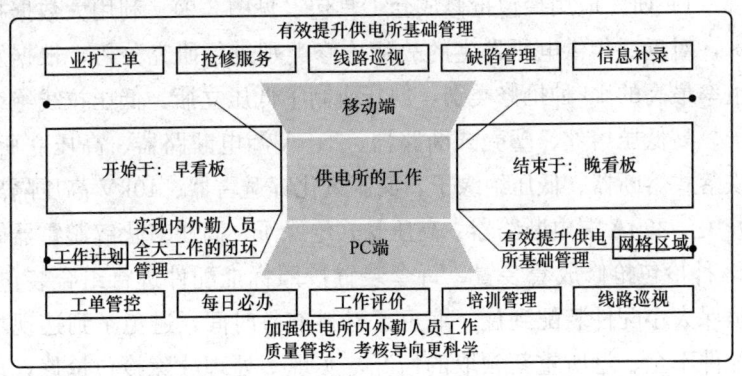

图 3-7 供电所内可视化业务管理系统功能模块说明

3) 创新营配一体的移动作业终端应用（见图3-8）。针对当前"互联网＋"技术的拓展应用，通过公司VPN专网实现供电所内外勤人员业务交互，打通供电所内勤与台区经理的智能化信息通道，实现供电所内外勤业务流程的全贯通。台区经理配备移动作业终端后，化身为移动营业厅，随时处理客户现场及施工现场业务，随时接收供电所内派发的业扩报装、线路巡视及抢修等工单，处理过程通过图片和语音的方式直接传输至内勤人员，便于业务指导和工作质量监督，互联网＋营销服务、互联网＋运检服务通过移动作业终端实现末端落地。

图3-8　移动作业终端应用图解

（4）物资智能化管理，速度在细节处提升。

1）研发应用拎包抢修成套工具包（见图3-9）。利用大数据技术，对近三年供电所发生的故障抢修类别进行研究分析，根据发生率最高的13种抢修类别，创新研制了低压立瓶、低压拉线绝缘子、高低压熔丝、塑壳式断路器、315A漏电断路器、高压立瓶、跌落式熔断器、低压绝缘子、低压氧化锌避雷器、10kV高压隔离开关、250A漏电断路器、高压悬式绝缘子、高压氧化锌避雷器等13种拎包抢修成套装置，每套装置按照标准配件进行组合装包，确保大小配件装配到位，缩短了材料准备时间，避免了到达现场配件不全、返所重新领取的情况，实现了处理故障拎包抢修，切实提升了故障响应速度，速度在细节处提升。

图 3-9 拎包抢修工具包

2)三库物资实现智能化出入库(见图 3-10、图 3-11)。通过智能化手段对供电所备品备件、安全工器具、施工工器具的入库、领取、发放、使用、报废等环节全过程管控,与"工单"相结合,对施工中是否正确配备备品备件工器具进行管理,实现供电所备品备件管理同应急抢修单、工作任务单的有机结合,供电所对备品备件使用情况做到实时掌控,对出入库情况实现"超市化"管理;实现备品备件在各供电所之间的相互调拨,提升备品备件管理水平,消除备品备件长期积压造成的浪费现象,最大限度地提升各供电所应急抢修能力。

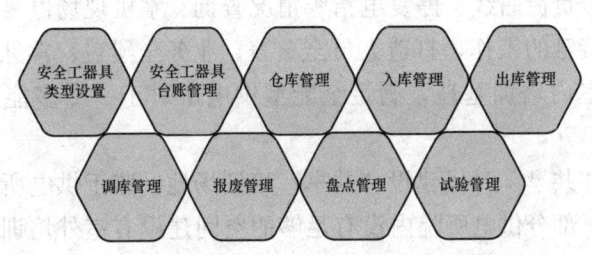

图 3-10 三库智能化管理图解

(5)打造全业务培训体系,提升"一专多能"人才培养速度。

1)制定全员培训计划。坚持"缺什么补什么、用什么学什么",依托"大培训"体系,制定相关新型业务专项培训计划,分别开展供电所所长和内勤人员培训及台区经理轮训工作,通过营配知识技能交叉培训和内部调考,补齐专业知识和技能操作的短板,开展全员轮训、所长培训、台区经理普调考36期。

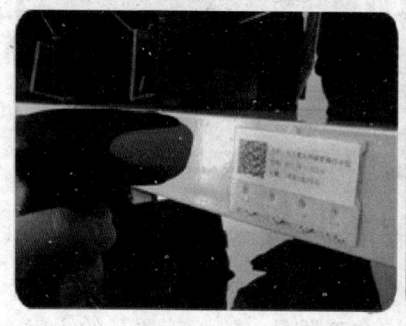

图3-11 物资扫码智能化出入库

2)打造全业务室内培训基地(见图3-12)。仿真现场实景,模拟实际操作,在原有7种现场故障处理模拟场景的基础上,针对当前用电信息采集系统和费控系统的运行要求,及时增设营销互联网+缴费、采集运维、现场停复电、营配业务系统操作、综合班与营配班业务融合等培训功能,根据日常发生的常见故障、集中器离线、抄表失败、电能表故障代码的识别、失电流、欠电压、变台负荷曲线、停复电指令情况查询、掌机现场停复电等每天频繁接触的工作,打造人员全覆盖、业务全覆盖、常见问题全覆盖的室内培训基地,满足全能型供电所对于一专多能人才的需求。

3)"共享"时代建设"共享"培训场地。鉴于供电所占地情况不一,部分供电所院内没有足够的空间建设有室外培训场地且技能培训工作可多所共同开展。为此,承德公司本着资源最优配置利用的原则,提出由各县公司自行制定"共享"培训场地建设计划,对现有资源进行整合,在具备条件的供电所建设多所共享使用的"共享"室外培训场地,达到了节约资源、高效利用的目的。"共享"室外培训场地可满足台区经理配网现场故障处理的实操培训需求。

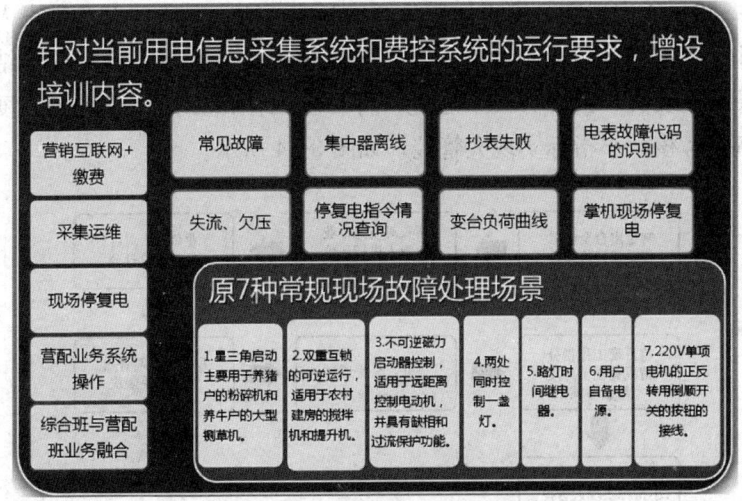

图 3-12 全业务室内培训基地图解

（6）建设工作质量评价体系，提升管理"可视度"、过程"可控度"、绩效"可考度"。

1）制定出台全员工作质量评价细则（见图 3-13）。根据管理要求，建立综合班和营配班工作质量评价细则，综合班评价细则 6 大项 38 小项，营配班评价细则 6 大项 34 小项，日常业务管理、指标管理、现场作业管理、营配业务融合等均纳入过程管控内容，有效提升管理水平和工作质量。

评价项目	评价分值	评价内容	评价标准	评价依据
	10	1.1人身安全人为事故	供电所落实安全目标责任制，组织制定实施年度安全目标计划的具体措施，层层落实安全责任，所长与台区经理按年度、签订安全生产责任书，制定个人安全目标，每个人写出四不伤害保证书，确保安全目标的实现。	1.1.1对抢修、检修、维修、施工等工程中发生的人身安全事故，由所长组织专业人员进行现场责任认定，一经认定属于人为造成的安全事故。
（一）安全	2	1.2交通责任事故	严格落实所所长台区经理按年度签订交通安全责任状，制定个人交通安全目标控制，不定期对台区经理进行抽查，发现无证驾驶、证件未进行年审核或酒后驾驶的进行考核。	1.2.1台区经理必须在取得驾驶证后方可驾驶机动车辆，供电所不定期对台区经理进行抽查，发现无证驾驶、证件未进行年度审核或酒后驾驶的行为。
	2			1.2.2如台区经理发生交通事故，由交通管理部门认定具有责任的，供电所将对其进行考核

图 3-13 综合班工作质量评价细则

2) 所内建立月度工作质量评价制度。所长对所内专业负责人进行评价打分，专业负责人对台区经理评价，所内人员对评价结果举手表决，公开、公平通过，将月度工作得分情况兑现至月度绩效考核，小指标实现大管控，如图 3-14 所示。

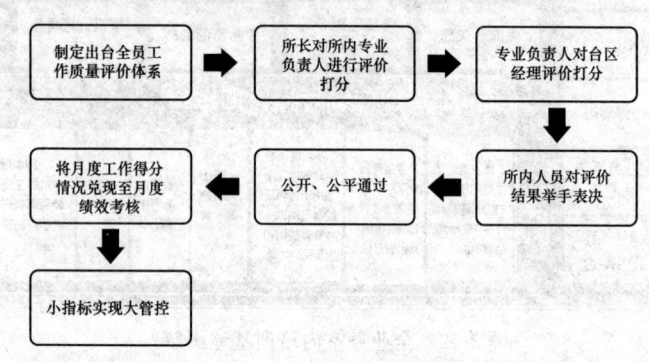

图 3-14 工作质量评价流程

（三）保证流程正常运行的专业管理绩效考核与控制

1. 组织保障

成立以公司总经理、书记为组长，其他班子成员为副组长的供电所管理领导小组，全面领导推进"全能型"供电所建设和"台区经理制"的实施，明确落实各层级管理工作职责；各县公司成立工作小组，研究制定本单位切实可行实施方案。

2. 制度保障

（1）制定指标考核体系（见图 3-15）。按照省公司同业对标指标评价标准设定各县公司星级供电所建设评价指数指标，内容涵盖国家电网有限公司五星级乡镇供电所命名情况、省公司四星级乡镇供电所命名情况、供电所台区经理制推广比率、"全能型"乡镇供电所占比以及管理创新、重点工作试点完成情况等，每月通报指标完成情况，根据星级及全能型供电所建设进度、创新成果、突出成效等内容进行考核管控，确保星级和全能型供电所建设质量。

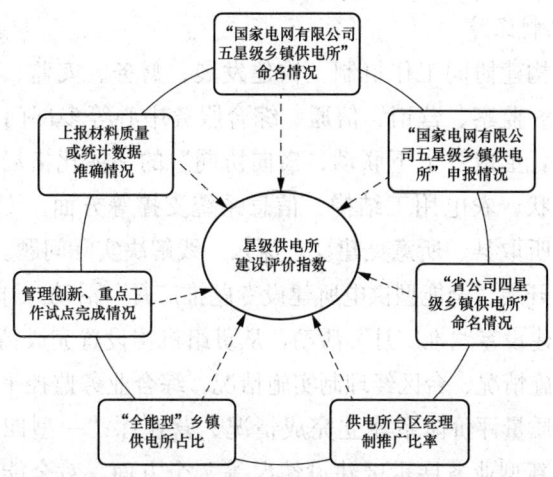

图 3-15 星级供电所建设评价指数考核体系

（2）制定管理制度、标准和业务指导书（见图 3-16）。在全能型供电所的打造中，坚持制度先行，制定岗位工作标准 14 项，制定管理办法 14 项，梳理工作流程 16 项，编写全能型供电所简明指导手册，对上级政策和工作措施等内容进行详细解读，组织编写了计量管理、线损管理、费控管理、新型业务等 14 项专业内容的供电所业务指导手册，强化了基础管理和过程管控，内涵式发展理念植根供电所。

图 3-16 制度标准手册样本

3. 机制保障

（1）构建协同工作机制。构建发展、财务、安监、运检、人资、党群、监察、营销、信通、综合服务中心等多部门协调推进工作机制，形成"上下联动、横向协同"的一体化格局。针对营配融合现状、农电用工结构、信息系统支撑等方面，专题调研 5 次，广泛听取县、所意见建议，深入一线解决实际问题。

（2）开展"全能型供电所建设专题推广月"活动。开展"全能型供电所建设专题推广月"活动，从班组机构设置完成情况、综合柜员制实施情况、台区经理制实施情况、综合业务监控平台使用情况、工作质量评价体系建立完成情况、营业厅"一型四化"改造情况以及新型业务展示区建设情况等 7 个方面，对全能型供电所建设进度进行整体把控、有序推进，活动统计表见表 3-1。

（3）搭建沟通桥梁。在公司主页开辟"全能型"供电所建设热点专题（见图 3-17），从文件精粹、工作动态、星级榜首、交流论坛、创新创效和基层面貌等 6 个方面，搭建起上至国家电网有限公司、国网冀北电力有限公司，下至各县公司、供电所的桥梁，高效推进全能型供电所建设工作。

图 3-17 全能型供电所热点专题截图

表 3-1 "全能型供电所建设专题推广月"活动统计表

序号	单位	乡镇供电所数量	机构设置完成情况 完成数量(个)	机构设置完成情况 单独设置 10kV 运维检修班数量(个)	综合柜员制实施情况 实施数量(个)	综合柜员制实施情况 综合人员人数(人)	台区经理制实施情况 完成数量(个)	台区经理制实施情况 台区经理数(人)	已部署综合业务监控平台的供电所数量(个)	已建立工作质量评价体系的供电所数(个)	营业厅一型四化改造完成的供电所数量(个)	已建立新型业务展示区的供电所数量(个)
合计	承德	80	80	6	80	291	80	1807	80	80	22	12
1	丰宁	10	10	0	10	20	10	234	10	10	0	0
2	围场	13	13	0	13	44	13	227	13	13	0	0
3	兴隆	11	11	2	11	26	11	145	11	11	3	3
4	平泉	9	9	0	9	40	9	266	9	9	9	0
5	宽城	9	9	0	9	50	9	182	9	9	0	0
6	承德县	8	8	4	8	26	8	262	8	8	7	6
7	隆化	9	9	0	9	46	9	291	9	9	1	1
8	滦平	11	11	0	11	39	11	200	11	11	2	2

国网滦州市供电公司雷庄镇供电所典型经验

一、供电所基本情况

雷庄镇供电所现有员工28人，设综合班、营配一班、营配二班和营配三班共四个班组，主要担负着雷庄、九百户2个镇、70个行政村的供用电管理与服务工作，营业面积226km²，营业户数32882户。辖区内建有220kV变电站1座，35kV变电站1座，10kV线路10条共170.17km，0.4kV线路120.69km。先后被授予"国家电网公司先进班组"、"国家电网公司五星级乡镇供电所"，国网冀北电力有限公司"电网先锋党支部"，河北省总工会"模范职工小家"等多项荣誉称号。

二、主要做法

（一）确立营配融合的供电所基本组织结构

1. 供电所优化调整

综合考虑当地地理环境、农网规模、队伍状况以及业务需求等因素，将原雷庄镇供电所、九百户镇供电所合并为雷庄镇供电所，建立供电所＋供电服务站管理模式。供电所优化合并后，雷庄镇供电所服务乡镇数由1个增加至2个，所内员工由45人精简到28人，优化率37%。

2. 岗位、人员优化配置到位

按照"精简高效"原则，结合自身实际，对组织构架和人员配置进行优化整合，保留综合班，增加部分职责，将原营业班和配电班合并，成立营配班，根据定员和人员结构、电压等级等，分为营配一、二、三班。明确职责定位，综合班主要负责调度指挥、所务管理、值班监控等所内工作，营配一班负责10kV营配现场工作，营配二班、三班负责低压营配现场工作。同时优化班组职责 3 项，岗位职责 12 项。编制《营配末端融合的供电所岗位规章制度一本通》手册，进一步理清了工作界面，内外勤班组相互协作，达到供电所工作高效运转。

3. 工作流程优化到位

重新梳理优化工作流程 25 项，编写《业务协同运行派工单系统功能手册》，利用派工单系统对各项工作进行业务支持，从工作任务的生成派发到任务终结，全程提供智能化辅助，畅通内外勤班组沟通渠道，对工作流程实时监管形成闭环管控，通过对业务流程进行重新整合，工作效率大幅提升，故障报修到达现场平均时长由过去的 50 分钟缩短至 30 分钟，业扩报装完成时限平均缩短 6 小时。

（二）构建营销服务新模式体系

1. 加快推进营业厅转型

推行营业厅综合柜员制，将原收费区和业务办理区合并，设立两名综合业务员，实现业扩报装、收费、咨询等全业务受理工作模式。取消值班室，在营业厅设立业务调度员，履行综合班作为供电所"中枢大脑"作用，进行工单派发，为营配班提供后台支持、数据支持、解决方案和供电服务信息等，并监督营配班工作质量，营配班发挥"多能触角"作用，收集用电客户信息、需求、供电设施状况等现场信息，反馈综合班，通过相互协作，达到所内工作高效运转。设立新型用电、电能替代和智能家电展示区，让客户们更加直观的了解智能家居的高效、便捷、舒适和环保，了解新型用电的优点及益处，了解电能替代的安全与清洁，通过新旧对比和功能演示方式让电能替代意识深入人心；设立智能互动体验区，积极推广国网商城业务和引导用电客户线上办理业扩、电子化缴费、远程费控、电子化账单等新服务；设置 24 小时自助服务区，电子公示栏，让客户感受到公司服务"全天候"、业务办理"一站式"的全新体验。

2. 严格落实一次性告知便民服务

通过建立"办事明白墙"，对大厅办电、网上办电、变更用电等10余项业务办理流程上墙展示,让广大客户对办什么、怎么办、由谁办、办到什么程度做到一目了然、一次性告知,并编制《业务办理一次告知手册》,方便客户业务办理,大大提高客户满意度。

(三)构建服务一次到位的网格化服务体系

1. 实行台区经理制,构建网格服务模式

建立台区经理制,因地制宜对雷庄镇供电所划分10个网格,每个网格设置台区经理1名,平均负责10个台区,每个台区经理在负责村建立"优质服务一家亲"微信群,以服务需求地点台区经理为主,临近台区经理为辅的形式组成互助组,协同开展工作,实现工作有支撑、有监护,质量有监督,探索构建"服务有网、网中有格、格中有人、人有其责"和"人在网中转,事在网中办"的服务新模式,切实做到服务一次到位。

2. 建立健全考核机制

制定《一线班组工作积分制考核制度》、《台区经理绩效考核实施办法》,对班组长及系统员工实行积分制,从工作任务和劳动纪律两方面进行考核。

(四)推进新型业务营销服务转型升级

1. 积极开拓探索,支撑新型业务

印发《新型业务服务手册》。积极开展电能替代,确保电能替代工作与"全能型"乡镇供电所建设工作有效接轨,通过电动汽车、厨房电器化及电锅炉等投入使用,在供电所形成了电能替代典型项目。

2. 探索承接光伏等分布式电源运维(代维)业务

适应分布式电源快速发展新趋势,积极参加上级公司组织的业务培训,使供电所具备承接分布式光伏现场诊断、故障咨询、故障抢修、光伏清洗等运维服务能力。

(五)构建全新配网基础设施打造标准化

1. 依托信息技术

在移动互联网通信基础上构建配网自动化平台,针对雷庄镇供电所辖区10条10kV线路负荷分布情况，在重点10kV线路干线及供电面积大的重要支线上装设具备"三遥"功能的智能开关，实现10kV电网的智能监控，为线路的运行管理、故障查找和技改大修立项提供可靠的支撑。

2. 电网标准化建设

按照国家电网公司电网标准化建设的"四个一"（项目需求一图一表、设备选型一步到位、建设工艺一模一样、管控信息一清二楚）要求，建设完成"后张亭子村"标准化台区，网架更加坚强、供电质量更加可靠，台区线损由改造前8.04%，下降至2.21%，实现了该村零故障、零跳闸、零投诉，客户满意率100%。

(六) 打造岗位培训新模式体系优化保障

1. 打造一专多能员工培训体系

县公司通过部门推荐、技术选拔、综合能力考评方式，专门选拔出8名专业理论水平高、授课能力强的业务骨干，组成兼职培训师队伍，对供电所员工进行营配知识技能交叉培训及相关新型业务的专项培训，补齐专业知识短板。

2. 切实提升培训成效

供电所层面立足岗位实际，编制《台区经理应知应会500题》手册，不定期对台区经理进行抽考；同时开展岗位培训、实操训练，通过实战练兵，提升技能操作水平；组织工作交流论坛、人人上讲台系列活动，将专业化管理的好经验、好做法共同分享、共同提高。截止到2018年，共开展培训22期440人次，其中员工上讲台培训3期64人次，研讨会3期78人次，岗位技能培训16期298人次。

三、工作成效

(一) 组织结构得到优化调整，实现业务协同运行

优化了组织设置，明确了职责定位，理清了工作界面，内外

勤密切配合、相互协作，切实打造业务协同运行，实现供电所业务组织一次到位、各项工作高效运转。

（二）实施"台区经理制"，构建网格化服务模式，实现服务一次到位

探索构建了"服务有网、网中有格、格中有人、人有其责"和"人在网中转，事在网中办"的服务网格化管理机制，利用"互联网+"技术，建立了"事前有组织、事中有管控、事后有评价"的智能化派工单系统，将管理末端转变为服务前端，切实发挥台区经理在供电服务中牵头、协调、沟通、联系的纽带作用，切实做到"服务一次到位"，实现了客户满意率100%。

（三）开展营业厅转型，进一步开拓和探索新型业务

通过营业厅"一型四化"改造，积极推广95598网站、手机APP、微信公众号等电子化服务渠道，引导农村用电客户接受业务线上办理、电子化缴费、远程费控、电子化账单等新服务，着力打造出新兴业务推广示范区。积极开展电能替代，通过充电站、电动汽车、厨房电器化及电锅炉等投入使用，在供电所形成了电能替代典型项目，实现了电能替代工作与"全能型"供电所建设工作有效接轨。开展电动汽车售卡、充值等车联网业务，探索承接光伏等分布式电源代维业务，方便客户，提高服务响应能力，适应电动汽车、分布式电源快速发展新趋势。

（四）数据信息反馈良好，提高明显

2018年，雷庄镇供电所低压线损率完成3.41%，同比下降0.6个百分点，比指标低2.59个百分点；售电均价完成557.03元/kkWh，环比增长11.54元/kkWh时；月均户表采集成功率达99.63%，环比提升0.13个百分点；营配贯通率91.7%，同期线损完成100%，智能缴费覆盖率达100%，属实投诉0件；电费回收率、业扩时限达标率、客户满意率均达100%。

2017年9月22日，中央电视台第七套节目对雷庄全能型乡镇供电所创建工作进行了报道；《中国电力报》以雷庄镇供电所创建

经验《新格局开启全能新服务》为开篇，开辟了"全能型"乡镇供电所建设系列报道专栏；《国家电网报》刊登纪实报道《一个"全能"供电员工的一天》，着重报道了雷庄镇供电所完成组织架构重组和运营模式重塑，依托信息化和互联网技术，实现了"业务协同运作、人员一专多能、服务一次到位目标"的及台区经理王国辉的工作纪实。

国网怀来县供电公司狼山乡供电所典型经验

一、供电所简介

狼山乡供电所位于怀来县东部地区，营业面积219.58km²，用电户数14218户，人口39406人。担负着狼山乡、土木镇、北辛堡镇共30个行政村及狼山建材产业园区、燕山文化新城、恒大房地产开发有限公司等几十家企业的供电任务。辖区共有35kV变电站1座，主变压器2台，总容量20000kVA。35kV线路2条，长度18.424km；10kV线路6条，长度227.122km；配电变压器523台，总容量39913kVA；综合台区82个，0.4kV线路长度75.571km。

狼山乡供电所现有员工15名，其中：系统内员工4名，张家口盛垣供电服务有限公司员工11名。近年来，狼山乡供电所积极开展企业"家文化"建设，使员工的各方面素质进一步提高，凝聚力、向心力、执行力显著增强。

二、主要做法

为了提升星级供电所高效办公，狼山乡供电所特别实施了加强核心班组管理、落实两个制度保障、开展模块化培训的整体方案。

（一）加强核心班组管理

加强标准研究和学习宣贯，建立定期会商、过程检查、工作协同等工作机制。强化分析制约效率效益的瓶颈问题，及时了解、密切掌握工作情况，做好跟踪分析，确保了提升供电所办公效率的质量和进度。

1. 优化供电所班组及岗位设置。狼山乡供电所借助"全能型"乡镇供电所建设，进一步优化班组设置，将原来的配电班、营业班和综合班调整为配电营业班和综合班，形成了"一长三员

＋配电营业班＋综合班"的管理新模式。其中,"一长三员"设置供电所长(兼支部书记)岗位、安全质量员岗位、运检技术员岗位、客户服务员岗位,配电营业班设置班长、客户经理,综合班设置班长、综合业务员、业务调度员。配电营业班的成立,改变了传统的营销生产两头管,造成实际人员浪费,办公效率低下的局面。对外延伸一个点,客户不用根据不同业务两头跑;对内工作协同办公,在营配整合后,对于综合台区治理,采集线损等关键指标提升有了显著提高。缩短业务办理流程,各方面配合更加紧密,供电所内对于团队协作的概念更加明确。

2. 推进供电所绩效激励机制。结合新班组、新岗位、新要求,量体裁衣定制"工作积分制"考核。解决员工收入"干多干少一个样,干好干坏一个样"等问题,通过完善指标体系,明晰考核内容;健全组织体系,确保考核公正;依托信息平台,强化流程管理;安全绩效联动,有效防范风险,有效推广应用了班组"工作积分制"考核,所内员工均以"工作积分制"进行量化评价考核,考核覆盖率100%,绩效得分与绩效薪酬挂钩比例达到80%,同一班组员工的月度绩效考核分差最大达到30%,力求激励先进、鞭策后进。"首问负责、首到负责、快速响应、支援配合"是对配电营业班提出的高标准高要求。结合SG186、PMS与采集系统日冻结曲线等相关指标,对线路巡视故障报修以及光伏接入等现场工作进行更加精准性的帮助,减少传统大面积一锅端的低效办公生产。

(二)落实两个制度保障

班组的创建离不开优秀制度的保障。借助狼山乡供电所试点建设"全能型"乡镇供电所的契机,为了更好的推动星级供电所创建,狼山乡供电所先后实施了"台区经理制"与"综合柜员制"。两种制度相互结合,帮助班组进一步提升办公效率,由于业务流程繁琐复杂带来的弊端。

(1)台区经理制实施。建立集农村低压配电运维、设备管理、台区营销管理和客户服务于一体的台区经理制。区别于传统的由用户侧向供电所提供反馈信息，台区经理主动向用户提供供电所的相关服务，由被动变主动，给客户一个更加清晰明确的服务标准。同时台区经理负责分管区域与客户的联系工作，接受班长布置的工作任务，组织客户服务人员完成网格管理单元内的安全生产供电服务工作。同时相较于传统分散的服务工作，台区经理将其统一整合，负责管理分管区域设备的巡视、维护、线路通道防护和一般故障处理，核查处理分管区域电压、负荷、功率因数等异常问题。工作任务的统一整合，改变了过去"人找人"的弊端，节约时间提高时效，更好的完成供电所安排的其他工作。

（2）营业厅综合柜员制。为了响应星级供电所对于优质服务的高标准要求，狼山乡供电所对营业厅功能区进行重新改造，将传统的封闭式办公改为开放式办公，设立综合业务员，既能受理业务、回应咨询，也可以收取业务费和电费，方便了客户更好的开展用电咨询，业扩报装，打卡购电等业务。综合柜员制的实施，除了改善被动式的为客户服务，通过营业厅的智能设备，积极向用户推广95598网站、掌上电力、电e宝等多渠道电子化服务平台，引导农村客户科学用电，同时借助手机APP抢修软件与线上缴费设备对客户进行教学，缩短传统的报修时间，改变传统的缴费方式。由于供电所营业面积大，工作人员少，因此通过这种模式的改变，将原来的一个"服务点"，扩展为"整个面"，真正做到了人人业务办理，人人充缴电费的局面。由综合柜员带动客户自身，由客户自身带动整个村落、乡镇，实现以小见大，对于优质服务高效办公的提升起到了关键作用。营业厅"综合柜员制"与现推行的"台区经理制"协同支撑，相互配合，确保了农村客户享受到更加便捷的供电服务。

（三）开展模块化培训

相对于标准供电所以老带新，直接将新人带入日常工作中"边学边练"的做法，狼山乡供电所根据实际经验，对于工作中遇到的具体工作流程以及相关基本技能进行梳理总结，将各个业务进行整理，借助狼山乡供电所打造的室内培训室与室外培训场，以各个模块为单位进行教学。

（1）注重"一专"培训。建成供电所层面专业实训室，开展农网配电检修、新型计量装置装接、分布式光伏运维等10余项现场专业实操培训。同时结合岗位需求、个人意愿与优势，培训内容做到因人而异、因岗而变，让每个成员都能在培训中真正学到内容，一改以往培训大锅饭，走形式，无效果的现状。通过模块化体系培训，对供电所职工进行系统性、具体性、针对性培训，让初级的能尽快向中级靠拢，中级的尽快向高级靠拢。进一步加大青年员工的培养力度，在师带徒的基础上创新实施塑形成长工程，岗位先锋模范对学习成长青年进行一对一帮带，带动新员工迅速成长成才，为供电所科学发展储备人才，为在一线培养出更多、更好的实用型、专业型人才。

（2）注重"多能"培训。在班组中开展模块化培训，主要是针对供电所基层员工文化素质、技能水平、年龄、接受能力等各种差异，将培训对象分成若干类，同一层次的归为一类，确定培训内容，根据"缺什么、补什么、同时还能接受什么"的原则开展阶梯式培训。同时，针对当前供电所急需复合型人才的实际情况，探索建立了一专多能培训体系，为建立全能型供电所打下坚实基础。此外模块化培训不仅局限于人员培训，"工欲善其事，必先利其器"，对于传统工器具的改造升级也是模块化培训的重要部分。狼山乡供电所借助"魏爱民创新工作室"，取得多项QC创新成果，将师傅们的经验总结，以模块化的方式应用到创新创效当中，为供电所的高效办公提供帮助。

三、工作成效

借助"加强核心班组管理，落实两种制度保障，开展模块化培训"的工作体系，狼山乡供电所在实际工作中取得了丰硕的工作成效。

（一）高效办公提升业务指标

全年实现安全生产零考核、优质服务零投诉，实现综合电压合格率99.87%，供电可靠率99.90%。截至2018年10月份共完成售电量5423.3万kWh，同比增加402.23万kWh，增长率8.01%；完成电费回收2951.55万元，同比增加134.99万元，增长率4.79%；完成10kV线损率2.01%，同比降低0.33个百分点；完成0.4kV低压线损率4.69%，同比降低0.25个百分点；完成电费回收率、上缴率100%。

（二）高效办公促进业务发展

近两年10kV线路故障跳闸次数逐年降低，同2017年相比减少11次。供电可靠率全面提升。2018年计量基础水平明显提高，截至10月底，实现采集率99.96%，同比增加了0.35个百分点。

（三）高效办公实现创新创效

借助魏爱民创新工作室，狼山乡供电所现已发布QC创新成果15项，其中"零火线自动识别和中性点位移电压保护装置"、"自攻式接地钳"等5项获得了国家专利。供电所共组织培训人员33次，全员培训率100%。实现技能等级提升7人次，学历提升3人次，2人在上级公司技术比武中取得优异成绩。

国网卢龙县供电公司双望镇供电所典型经验

一、供电所基本情况

乡镇供电所是公司最基层的供电服务组织，承担着密切联系乡镇政府和人民群众、服务"三农"和地方经济社会发展的重要职责，是公司安全生产、经营管理、供电服务、树立品牌形象的一线阵地和窗口。

双望镇供电所位于卢龙县东部，成立于2013年，2016年在上级公司的关怀和支持下，被评为"国家电网公司五星级乡镇供电所"。双望镇供电所践行"你用电，我用心"的服务理念，秉承吃苦务实、团结奉献的"双望"精神，不断完善制度和基础建设，积极探索和建设，奋发图强，坚持"121"（一个目标、两个核心、一个原则），以最终实现"全能型"乡镇供电所为目标踏步前进。

二、主要做法

现代农村供电服务体系需要始终坚持以客户为导向，构建反应敏捷、响应快速、执行有力的新型服务模式，不断提升农村供电服务保障能力和效率，为全面小康社会提供坚强供电服务保障。同时"互联网＋营销服务"、"互联网＋配电运检"建设快速推进，使得营配调贯通、智能供电服务不断深化应用，信息技术支撑能力不断优化提升，线上服务资源和手段不断丰富完善，为乡镇供电所优化布局和作业组织形式，缩短管理链条，推进业务融合，提高工作效率创造了有利条件。

双望镇供电所认真学习领会《国网冀北电力有限公司关于印发"全能型"乡镇供电所建设工作实施方案的通知》的内容，按照工作部署，相关职能部门针对双望镇供电所建设谏言谏策，结合本地辖区供电服务特点,因地制宜,制定了坚持"一个目标、两个核心、一个原则"的建设方案。

(一)坚持"一个目标"

即最终实现"全能型"乡镇供电所的目标,公司成立了以公司经理为组长,各职能部门为成员的建设领导小组,双望镇供电所同时成立了以所长为组长的对接建设小组,以实现"全能型"为统一目标,群策群力,探索和实践"全能型"乡镇供电所建设内涵。

(二)坚持"两个核心"

即台区经理制和综合柜员制,"全能型"乡镇供电所建设的核心内容是"推进营配合一,打造业务协同运行、人员一专多能、服务一次到位",而如何在具体的工作中实现核心内容,主要在于机制的转变、理念的转变,所内全体员工来具体实施和完成。因此,提出"两个核心",在建设"全能型"乡镇供电所的过程中,在实际工作中体现"两个核心"的服务特性。

一是推行台区经理制。台区经理制重在台区经理和网格化服务。双望镇供电所在全员集中管理的基础上,主推台区经理制和网格化服务。供电服务公司员工经过多次培训和考核,聘选业务能力过硬、执行力强等突出的人员为台区经理,在所辖责任区内,从事0.4千伏及以下营销服务、设备管理、运维检修和优质服务等综合类工作。同时,按现阶段台区经理的技能需互补,遵循"人员最精华、效率最大化、服务最优化",综合考虑工作量、设备状态、电量大小等因素,采用就近连片、方便管理的几个服务网格,网格内台区经理相互支援配合,协同开展工作,互为支撑,工作有监护、质量有监督,所有台区、电力客户网格无缝隙、全覆盖,达到方便客户、提升服务、促进安全的目的,最终实现"四个到位",即业务组织一次到位,客户服务一次到位,设备运维一次到位,故障抢修一次到位,促成营配合一,业务末端融合。

二是推行综合柜员制。综合柜员制是营配合一、业务融合的另一个体现方式,如何能够在实际工作中体现出综合柜员制的服务特性,双望镇供电所在推行综合柜员制的路上大胆的尝试。首先,按照建设方案要求,在营业厅内推行综合柜员制,每一位综合柜员都有自己精确掌握的专业知识,同时学习其他不同的业务知识,达到融会贯通,明确了作为综合柜员,不要求门门专业你都精,但是门门专业你要懂,不做糊涂人,要做明白人。其次,综合柜员服务特性不单单局限于营业厅内,而是要扩展到服务辖区的每一个角落,将服务辖区等视作为一个"大"的营业厅,在这个"大"营业厅内,每一位台区经理就是一位综合柜员,服务的场所遍布辖区内的每一个地方,面对面的服务客户,真正意义上做到首问首到负责制,实现真正意义上的"零距离"服务客户,在实际工作中践行"四个到位"中的"客户服务一次到位,故障抢修一次到位"。

(三)坚持"一个原则"

即以营配调贯通和现代信息技术应用为依托,推进营配业务末端融合,网格化服务,优化班组设置,培养"全能型"员工,推广新型业务,构建快速响应的服务前端,做到业务协同运行、人员一专多能、服务一次到位。双望镇供电所按照建设方案,因地制宜,优化服务网格,完善组织架构和人员配置,对所内班组进行了重新的优化组合,提高了运行效率,提升供电服务保障能力。将原营业班和配电班进行合并,合并后成立营配班,负责设施运维检(抢)修、营销业务、台区线损管理、用电信息采集设备运维和属地协调等低压营配业务的现场工作;综合班业务转型,负责综合管理、所务管理、营业厅事务、系统监控和分析等所内工作。优化调整班组间业务交互工作流程,按"专业+综合"的管理机制,全面延伸营销、运检、安监等各专业管理制度、标准、流程。同时为更好的融合营配业务,培养"全能型"员工队伍,采取集中培训与岗位培训、技能比武、实操训练相结合等方式,开展营配知识技能培训和内部调考,补齐专业知识和技能操作的短板。

三、工作成效

通过一年来的探索建设，双望镇供电所作为试点，积极打造集农村配网运维、设备管理、营销管理和客户服务于一体的"台区经理"，将综合柜员制融合在日常工作中，开展服务网格化，让客户真正体验"零距离"贴心服务。

（一）安全管控得到保证

强化安全责任落实，人人百分之百的签订安全生产承诺书。充分利用公司内部网络发布安全简报、观看安全警示教育片、安全生产典型案例，每月组织开展多样化的安全培训，促进作业人员主动安全意识的全面提升。截至目前，安全生产承诺书签订率100%，安全运行天数达到1991天。

（二）精益化配电运维

扎实开展配电设备状态检修，利用"红外测温"、"局放检测"等先进手段提升配电巡视效果，做到超前监督、及时消缺，配电设备故障停电率下降70%。根据报修地点，在"沙盘模型"上统筹分析地形地貌和抢修路线，快速确定抢修方案，按照"网格化"划分进行抢修派工，缩短故障抢修时间。故障抢修平均时间由原来的11分钟缩短到8分钟，降低27.27%；标准化作业执行率达到100%；账、卡、物对应一致保持100%；供电可靠率由原来的99.30%提升至99.90%，增幅0.6个百分点。

（三）营销业务全面融合、闭环管理

充分利用营销各项业务系统，转变服务意识，强化基础管理，加强传统业务管控，精简反馈流程，结合秦皇岛供电公司对供电所层级的闭环垂直管理，从根本上促进了供电所业务的末端融合。对SG186系统与PMS系统进行数据信息采录和数据治理，营配低压一致率由原来的93.12%提升到100%，增幅6.88个百分点。围绕"量、价、费、损"指标和营销工作任务，规范抄核收管理，

减少差错率。电费回收率100%；高压线损率完成1.55%，同比下降0.11个百分点；低压线损率完成4.63%，同比下降0.13个百分点；同期线损合格率由原来的86%提升至95.08%，增幅9.08个百分点。主动服务客户，及时对接报装业务，详细比对检查业扩新装、增容及光伏客户档案信息与SG186系统的一致性，确保严格按流程节点时限完成工作任务，业扩服务规范率100%，客户满意度100%，属实投诉保持为零。

（四）依托科技、开拓创新，推广新型业务

依托"互联网＋营销服务"，推广电子渠道，让用户体验线上、线下业务的贴心服务；拓展业务范围，逐步开展电能替代、光伏等分布式电源及微电网的运维及代维等新型业务；实行各项业务"一口对外"和"一站式"服务，推广营销新业务，邮政代收、95598网站、掌上电力、电e宝、支付宝、微信等渠道深入人心，实现营销业务线上线下无缝衔接。全所高低压费控协议签订率100%，高、低压客户实现费控100%，电子渠道用户突破万户，离柜缴费率达到97%以上。紧抓国家雾霾治理工作契机，积极挖掘电能替代潜在用户，开通光伏并网的绿色通道，简化分布式电源业扩手续，光伏发电容量由3.12kW，提升到25kW。

国网大厂县供电公司夏垫镇供电所典型经验

一、供电所基本情况

夏垫镇位于大厂回族自治县北部,西距北京 40km,南距天津、东距唐山均 120km,京秦电气化铁路和 102 国道横穿全境,属环京津都市圈腹地,是离北京最近的少数民族聚居镇。夏垫镇供电所负责夏垫镇辖区 30 个行政村及 1 个省级工业园区的供电服务工作。现有正式职工 17 人,农电工 16 人,下设配电营业一班(高压)、配电营业二班(低压)、综合班共计 3 个班组。夏垫镇供电所辖区共有变电站 5 座,其中 35kV2 座、110kV3 座,供电范围 41.18km^2,辖区人口 4.3 万人,营业户数 12950 户,2017 年售电量完成 4.42 亿千瓦时,综合线损完成 1.22%,0.4kV 线损完成 4.00%,电费回收率达到 100%,全年无属实性投诉。夏垫镇供电所积极调动职工创新潜力,成立职工创新工作室,近年来研制的 21 项成果中有 5 项获奖,3 项获国家专利。2012 年获得冀北公司标准化示范供电所荣誉称号;被廊坊市政府评为"2014-2016 年度青年文明号";2015 年荣获"中国最美供电所道德风尚奖";2017 年被评为"国家电网公司五星级乡镇供电所"称号。

二、主要做法

(一)硬件建设水平升级

夏垫镇供电所按照"一型四化"建设要求,对营业厅各功能区进行合理规划和高标准建设,适应"互联网+"营销服务模式,满足新型智能互动营销服务需求,优化营业厅布局,设置 24 小时自助缴费区、家用电器现场体验区等服务;建设"全能型"服务窗口,推行营业厅综合柜员制,实现"一口对外"和"一站式"服务；在营业厅设置外网计算机和 WIFI，推广互联网＋技术应用，让客户能够利用平台自主办理各类业务，减少等待时间；设置专人向客户推广 95598 网站、手机 APP、微信公众号等电子化渠道服务功能，提高覆盖率，引导农村用电客户接受业务线上办理。

(二) 提高电网基础保障

夏垫镇供电所辖区共有 110kV 变电站 3 座，35kV 变电站 2 座，根据辖区线路负荷特点完善巡视检查制度，增加巡视次数，及时发现问题，保证最短时间内处理各类缺陷。根据季节变化开展特殊巡视，在迎峰度夏期间，对辖区负荷较大的台区和配电盘进行接点测温和电流测量，并对辖区内所有设备接点进行紧固，确保设备及电网安全稳定运行。加强农村电网建设与改造，满足辖区农村生活生产用电不断增长的需求。提前谋划，制定变压器增容和改造计划，按照农网改造升级技术标准，开展标准化线路、智能配电台区的建设等工作，提高电能质量，大力改善了用电环境。

(三) 专业信息化管理融合贯通

强化营销管理工作，依托 SG186 营销业务应用系统对接用电采集系统和 PMS 系统，将业扩报装、装表接电、抄核收、线损管理、设备维护、故障报修等各专业进行统一衔接，提高工作效率。开展营销数据核查工作，对辖区用电客户进行基础信息核查，重点对客户用电情况、设备容量、用电性质、用电量等信息进行彻底核查，与营销系统数据对接，保证数据准确无误。加强营业普查工作，严格按照系统计划进行检查，严厉查处违章违约用电，规范用户用电行为，堵漏增收。拓展收费形式，截至 2018 年 10 月底实现预付费用户 97.62%，大力推广微信、支付宝、电 E 宝等线上缴费业务。保证电费回收百分百，有效降低电费风险，同时加强电费回收预警分析，建立客户信用档案，做好电费回收风险防控。2018 年 1～10 月完成售电量 3.90 亿 kWh，完成售电单价 621.66 元/kkWh，回收电费 2.52 亿元，电费回收率达到 100%。

（四）内外部结合保安全供用电

一是内部安全管理，建立以所长、安全员为核心的安全生产体系，与每名职工签订"生产责任状"，明确责任、层层落实。全面落实现场作业标准化，正确使用指导书（卡），对作业现场实行超前控制和闭环管理。施工现场严格执行"两票"作业流程以及8个重要环节的录音等措施，做到现场安排专业化、物品摆放定置化、施工组织程序化、作业行为规范化，标准化作业执行率达到100%。使用恒温恒湿的智能安全工具柜，严格按照试验周期进行机械强度试验和耐压试验。工器具领用使用安全工器具领用系统进行一人一卡专人领取，实现出入库手续电子化、规范化。二是外部安全管理，为保证用户三级保护安装率达到100%，采取了多种形式的安全用电宣贯活动，例如与镇政府联合进行"农村安全用电'三级保护'安装"宣传活动，宣传对象重点为辖区内的村委会主任、村书记；成立用电小分队走访村民，进行答疑解惑，为村民送去了《未安装漏电保护给您带来的危害》的一封信；利用村内广播向农村用户宣传安装剩余电流动作保护器的必要性及用电常识，将未安装剩余电流动作保护器而引发的人身伤亡及财产损失的真实案例讲给用户听，并把发生事故的真正原因透彻地分析给用户，让用户真正明白电力部门推行安装漏电保护开关的目的就是让用户有一个安全的用电环境。通过不懈努力，一、二、三级保护安装率均达到100%。全年人员设备安全无事故，同时也实现了安全生产长周期过万天。

（五）注重管理带动指标提升

一是优化无功补偿，采取集中、分散、随机等多种补偿方式，合理设置电压监测点，在电压较低的线段安装电压提升器，解决了农村低电压问题，功率因数达到0.95以上，居民客户端电压合格率达99.87%。二是对检修、施工的停电任务实行打捆管理，合理安排停电时间，减少停电次数，简单维修和电源接引一律采用带电作业，供电可靠率达到99.90%以上。三是加强计量封印管理，对所内所有智能表进行全面的封印登记与补封工作，对封印进行统计建立台账，有效杜绝了计量窃电行为。四是开展 PMS 移动作业，供电所人员全部能熟练使用终端进行作业，提高了作业质量和效率。同时，供电所在所辖的线路上全面使用配网故障抢修 APP 进行故障处理，可以随时查看最新抢修任务，及时调整抢修班组和抢修工作顺序，减少在路途上浪费的时间，有效缩短了故障停电时间。五是全面实行台区经理制，所内与台区经理签订台区经理责任状，制定考核机制，实行绩效管理，每月进行评分，按照每个网格、每名员工、每个台区、每项目标完成情况加分，汇总排名，张榜公布，奖励兑现。使员工立足岗位比安全、比管理、比服务，个人潜质得到显现，精神风貌焕然一新，一线服务水平也得到大幅提升。

（六）开展新型业务深化管理转型

一是促进清洁能源建设服务。夏垫镇供电所辖区内建设电动汽车城市快充站 1 座，共有 8 个充电桩为电动汽车提供充电便利，供电所内建设自发自用光伏发电 5 千瓦，便于员工尽快了解掌握光伏发电相关技术环节。营业厅人员熟练掌握电动汽车充换电建设与服务相关政策信息和业务办理知识，做好新能源业务咨询解释工作。率先在夏垫镇供电所开通车联网业务，客户到营业厅能办理电动汽车售卡、充值业务。二是提升电能替代发展速度。充分发挥以台区经理为主体的电能替代服务队，做好煤改电工作的宣传引导、建档立册等工作，实现末端融合。三是深化配网自动化建设，供电所管辖的配电设备上安装 DTU、FTU 及线路故障指示仪，通过光纤专网接入主站，实现对配网设备的遥控、遥信、遥测。已初步实现对所辖配电线路的"二遥"功能。四是加强营配调数据业务末端融合应用，实现营配调数据同源、末端业务有效融合和信息共享，实现 PMS、GIS、SG186 等系统数据准确率与完整率，保持与现场数据一致。

（七）营造学习氛围打造过硬团队

营造学习氛围，全员比学赶超。一是所内定期组织培训，请有经验的老师傅"传、帮、带",现场讲授技能、技法和工作经验。二是设立室内外培训场所,坚持理论联系实际,定期举行理论考试并配合实操演练和比武,全面提高业务技能。三是开展人人讲一课活动,让每个人都是本专业的兼职培训师,既能充分展示自己的才能,又能相互学习共同提高,营造出良好的学习氛围。四是以职工创新工作室为基础,围绕降低成本、节能降损、技术改造、技术革新、安全生产等为主题,组织职工开展技术攻关、技能培训、管理创新等学习交流活动。陆续研制 21 项成果发明,均已广泛应用于实际工作中。创新工作室激发了员工的创新热情,营造了积极向上的工作氛围,带动了全所各项工作的稳步开展。

三、工作成效

(1) 基础设施建设进一步夯实。全面优化营业厅功能设置,改善营业厅硬件设施,增设自助业务办理、电能替代设备展示等内容,提高营业厅智能化水平,打造"一型四化"新型供电营业厅。加强供电所通信与网络设施建设,组建 100M 综合数据网,供电所光纤覆盖率已达到 100%。加大对供电所信息化办公设备的投入,计算机配置数量全部符合基层班组计算机配置标准要求。规范供电所生产营业用房,结合供电所优化设置,提高优化后供电所配套设施建设标准,改善办公环境和条件。强化企业文化建设,供电所建立职工之家、创新工作室等,增强职工凝聚力,提高学习、创新积极性。

(2) "全能型"乡镇供电所建设成效突出。结合夏垫镇供电所实际,量身打造《夏垫镇供电所"全能型"建设方案》。按照提高管理效率和服务质量的原则,优化班组设置、推行台区经理制、综合柜员制管理,将传统业务向新型业务转变、将传统管理向智能化管理转变、将传统服务向个性化服务转变,完成当前新形势下乡镇供电所的转型要求。

(3) 信息化管理应用成效显著。深化生产 PMS、SG186 业务应用、用电信息采集、MDS资产全寿命周期管理系统的应用,供电所全面应用信息化系统开展工作,做到营配调数据协同联动。充分利用用电信息采集系统对抄表、费控、线损、计量、电能质量等内容的数据监测分析,使营销、配电业务达到全过程管控。利用县域通信网建设成果,深化配网自动化系统建设与应用,在供电所建立监控值班室,值班人员通过配网自动化系统监控电网及设备运行状况,值班员能及时掌握停电范围和负荷情况,达到调度、配抢、供电所协同联动,2018年大负荷期间提前确定故障范围7次,缩短故障处理时间4.5h,提高线路运维及故障处理能力,同时有效控制客户投诉,全年无属实性投诉事件。

(4)队伍技能水平明显提升。组织PMS、SG186、用电信息采集等系统应用培训,使供电所人员能够熟练应用系统查询相关设备参数及数据。加强现场服务、新型业务、台区经理方面培训,提高服务人员服务意识和技能,确保完成星级供电所"零投诉"目标。建立关于竞赛、普调考和获得市公司及以上奖励兑现等激励机制,鼓励正式职工和农电工积极参加学历的继续教育,不断提高职工队伍学历水平。